ARQUITECTURA SOSTENIBLE

Entre Medición y Significado

Editado por

Carmela Cucuzzella

Universidad Concordia, Canadá

y

Sherif Goubran

Universidad Americana en El Cairo, Egipto

BLS Bridging Languages and Scholarship

Serie en Entorno Construido

VERNON PRESS

www.vernonpress.com

In the Americas:
Vernon Press
1000 N West Street, Suite 1200,
Wilmington, Delaware 19801
United States

In the rest of the world:
Vernon Press
C/Sancti Espiritu 17,
Malaga, 29006
Spain

B⌐S Bridging Languages and Scholarship

Serie en Entorno Construido

LOC: 2021948491

ISBN: 978-1-64889-338-4

Also available: 978-1-64889-337-7 [Hardback]

Cover design by Maddy Capozzi.

Diseño de portada de Maddy Capozzi.

TABLA DE CONTENIDOS

LISTA DE FIGURAS

LISTA DE TABLAS

SOBRE LOS EDITORES

Carmela Cucuzzella es la presidenta de la Cátedra de Investigación de la Universidad de Concordia en Diseño Integrado, Ecología y Sostenibilidad para el Ambiente Construido (IDEAS-BE). También es profesora titular en el departamento de Artes de Diseño y Computación de la Facultad de Bellas Artes de la Universidad de Concordia, y codirectora fundadora del Next Generation Cities Institute.

Sherif Goubran es profesor asistente en el Departamento de Arquitectura de la Escuela de Ciencias e Ingeniería de la Universidad Americana de El Cairo (Egipto). También es candidato a doctorado en el Programa Individualizado de Concordia University y Vanier Scholar (SSHRC). Su investigación interdisciplinaria se centra en las prácticas de construcción sostenible en los campos del diseño, la ingeniería de la construcción y las finanzas.

SOBRE LOS AUTORES

Anne Cormier

Directora en el Atelier Big City, Montreal, Canadá; Profesora, Escuela de Arquitectura - Universidad de Montreal, Canadá

La Sra. Cormier es cofundadora del Atelier Big City (Cormier, Cohen, Davies, architectes), un grupo de arquitectos de Montreal reconocido por la calidad de sus proyectos arquitectónicos y urbanos. Fundada en 1987, el Atelier Big City recibió el Prix de Rome in Architecture del Canada Council for the Arts, la medalla del Gobernador General y el gran premio de arquitectura de la Ordre des architectes du Québec. El grupo ha presentado y mostrado su trabajo en Quebec, Canadá y el extranjero, y ha sido invitado a enseñar en la Universidad de Cornell, el Instituto Politécnico Rensselaer, la Universidad de Toronto y la Universidad de Calgary. Anne Cormier es también profesora en la Escuela de Arquitectura de la Universidad de Montreal, donde fue directora de 2007 a 2015. Está afiliada al Laboratoire d'Étude de l'Architecture Potentielle (LEAP), un grupo interuniversitario dedicado a la investigación sobre el proceso de diseño en arquitectura. Es miembro del Comité Asesor de Planificación, Diseño e Inmuebles de la Comisión Nacional de la Capital en Ottawa. Participa regularmente en otros comités dedicados a la excelencia en proyectos arquitectónicos y urbanos y en jurados de arquitectura.

Carmela Cucuzzella

Profesora titular, Diseño y Artes de la Computación, Facultad de Bellas Artes, Universidad de Concordia, Canadá; Cátedra de Investigación de la Universidad de Concordia en Diseño Integrado, Ecología y Sostenibilidad para el Entorno Construido (www.ideas-be.ca), y codirectora fundadora del Next Generation Cities Institute.

Carmela Cucuzzella es profesora titular en el departamento de Artes de Diseño y Computación y es titular de la Cátedra de Investigación de la Universidad Concordia en Diseño Integrado, Ecología y Sustentabilidad para el Ambiente Construido (www.ideas-be.ca). Su trabajo de investigación se enmarca dentro del amplio dominio de los estudios de diseño, donde investiga cuestiones de diseño sostenible para la vida urbana. Su experiencia y experiencia variadas en análisis del ciclo de vida ambiental y social, en sistemas de calificación de edificios ecológicos y en diseño y arquitectura, le permiten adoptar un marco que gira en torno a las dimensiones interrelacionadas del diseño de lo cognitivo-instrumental, lo moral-práctico y lo estético. formas expresivas de concepción y discurso con enfoque en la ciudad sostenible.

Izabel Amaral

Directora y profesora asociada, Escuela de Arquitectura, Universidad de Montreal, Montreal, Canadá

Isabel Amaral es directora y profesora asociada en la Escuela de Arquitectura de la Universidad de Montreal. Ciudadana canadiense con un doctorado por la Universidad de Montreal, esta arquitecta brasileña vive en Canadá desde 2005. Su foco de investigación se centra en las teorías e historias de la arquitectura, donde investiga el proceso de diseño de la arquitectura, así como la relación entre técnica, construcción y estética, de acuerdo con enfoques culturales y locales. Su práctica docente involucra procesos de diseño colaborativo, aprendizaje práctico y pensamiento crítico. Ha adquirido experiencia profesional significativa durante más de cinco años en la práctica de la agencia, incluidos tres años como socia y cinco años de docencia en el noreste de Brasil, Quebec y Ontario.

Laura Coucill

Lector senior, Escuela de Ambiente Natural y Construido, Universidad Queen's, Belfast, Reino Unido

Laura es una diseñadora galardonada con experiencia en la práctica arquitectónica residencial y comercial. Ha ocupado puestos de docencia e investigación en las Escuelas de Arquitectura de Manchester Sheffield y Birmingham. Su investigación se ocupa principalmente de las implicaciones de la política para el diseño arquitectónico. Su metodología de investigación de diseño pone en primer plano el mapeo de datos; método que une la habilidad de diseño y la geolocalización para comprometerse con la naturaleza dinámica, transversal y multifacética del espacio, que se desarrolla a través de la teoría urbana histórica y contemporánea, para brindar información sobre la experiencia vivida y la resiliencia. El trabajo anterior ha permitido la planificación local y la toma de decisiones políticas en el análisis transversal regional de Stockport (Reino Unido) las Highlands y Cornualles (Reino Unido).

Nada Tarkhan

Candidato a doctorado, MIT (anteriormente, consultor de sostenibilidad, ARUP y profesor adjunto, Universidad Northeastern, Estados Unidos)

Nada es consultora de sostenibilidad con una amplia experiencia en la industria. Ha trabajado en múltiples campos, incluyendo la consultoría de sostenibilidad y física de la construcción en Arup y la gestión de proyectos en Jones Lang LaSalle. Nada tiene un Máster de la Harvard Graduate School of Design y actualmente es candidata a doctorado en el MIT. Su trabajo se centra en mejorar los entornos ocupados mediante evaluaciones cuidadosas de la ventilación, la iluminación natural y el uso de materiales. Además de esto, Nada ha sido profesora adjunta en la Universidad Northeastern, donde ha dictado conferencias sobre estrategias bioclimáticas y contabilidad energética en diseño.

Ted Cavanagh

Profesor, Escuela de Arquitectura y director de Coastal Studio, Universidad de Dalhousie, Canadá

La investigación del Dr. Cavanagh se centra en el diseño y la construcción de prototipos de edificios innovadores apropiados para las comunidades costeras de Nueva Escocia. Estudia la historia de la innovación en la tecnología de la construcción y su influencia en el diseño de edificios. Es el fundador del intercambio de diseño / construcción para las escuelas de arquitectura de América del Norte y Europa.

Tom Jefferies

Profesor de Ciudades Futuras, Escuela de Ambiente Natural y Construido, Universidad Queen's Belfast, Reino Unido

Tom Jefferies es profesor de Future Cities en la Escuela de Ambiente Natural y Construido, arquitecto y diseñador urbano galardonado. Antes de unirse a la Universidad Queen's Belfast, fue director de la Escuela de Arquitectura de Manchester (2011-19), y de la Escuela de Arquitectura de Birmingham. Ha enseñado, dado conferencias y examinado internacionalmente. La investigación de Tom investiga las relaciones entre cultura, espacio, y el proceso del paisaje para proponer nuevas formas de urbanismo contemporáneo. Tiene experiencia en arquitectura, diseño urbano, paisaje, planificación maestra y códigos de diseño, historia de la arquitectura, teoría y contexto, sostenibilidad y patrimonio como base para desarrollar relaciones simbióticas entre la investigación y la práctica interdisciplinaria.

Sherif Goubran

Profesor asistente, Departamento de Arquitectura, Facultad de Ciencias e Ingeniería. Universidad Americana de El Cairo (AUC-Egipto); Candidato a Doctorado, Programa Individualizado. Universidad de Concordia, Canadá

Sherif es profesor asistente en el Departamento de Arquitectura de la Escuela de Ciencias e Ingeniería de la Universidad Americana de El Cairo (Egipto). También es candidato a doctorado en el Programa Individualizado (INDI) de la Universidad de Concordia, Vanier Scholar (SSHRC) y ex alumno del programa Concordia Public Scholars (2019-2020). Está llevando a cabo una investigación interdisciplinaria sobre la evaluación de la sostenibilidad de la construcción en los campos del diseño, la ingeniería de la construcción, y las finanzas inmobiliarias. Su investigación de doctorado investiga la alineación entre las prácticas de diseño sostenible y los objetivos globales de desarrollo sostenible. Sherif completó una maestría en ingeniería de construcción y una licenciatura en arquitectura. Sherif participa activamente en varios laboratorios, centros y grupos de investigación.

SOBRE EL AUTOR DEL PRÓLOGO

Brian R. Sinclair

Profesor de Arquitectura + Diseño Ambiental y Ex Decano, Escuela de Arquitectura, Planificación + Paisaje, Universidad de Calgary; Presidente, sinclairstudio inc., Calgary Canadá

El Dr. Brian R. Sinclair, PhD DrHC FRAIC AIA (Intl) es profesor de Arquitectura + Diseño Ambiental y ex Decano de la Escuela de Arquitectura de la Universidad de Calgary, Planificación + Paisaje. Brian es presidente de sinclairstudio inc., una corporación multidisciplinaria de diseño | investigación dedicada a una variedad de proyectos globales. Tiene títulos de posgrado en arquitectura y psicología. Educador y practicante, la experiencia y exploraciones de Sinclair abarcan desde la ciencia hasta el arte. Sus membresías profesionales incluyen el Instituto Americano de Arquitectos, la Unión de Arquitectos de Mongolia, la Sociedad de Arquitectos Nepaleses, el Consejo de Edificios Altos + Hábitat Urbano y la beca en el Real Instituto de Arquitectura de Canadá. Su doctorado (Universidad de Missouri) se centró en un diseño holístico innovador + marco de planificación para mejorar la calidad de vida de algunas de las personas más pobres del mundo. Su experiencia académica incluye la práctica profesional, métodos de diseño, construcción abierta, arquitectura ágil, planificación estratégica, diseño integrado, psicología ambiental, desarrollo internacional, sistemas y sostenibilidad, y la colisión de ciencia + espíritu.

PRÓLOGO

Caminando por el cable: sostenibilidad + diseño en un espíritu incierto

Brian R. Sinclair

Universidad de Calgary, Canadá

"Sonríe
No tienes que pasar tus días en las nubes
Escondiéndote del sol
Echa un vistazo alrededor y ve
No es tan fácil para cualquiera"

Chris Rea, 1988.

Hoy vivimos tiempos inciertos, inéditos e impredecibles. El mundo que conocíamos, caracterizado por niveles razonables de estabilidad y un mínimo de seguridad, ahora se está disolviendo dramáticamente y disipando desconcertantemente, solo para ser reemplazado por un entorno comúnmente catalogado como caótico, intenso, polarizado e improbable. Para los arquitectos y diseñadores ambientales, los últimos tiempos han resultado particularmente difíciles, en parte debido a una larga suscripción a lo estático, icónico y permanente, y en parte debido a una marginación cada vez mayor de los servicios que brindan a las sociedades en cambio. Dicho esto, la turbulencia que ha llegado tan abruptamente a nuestras ciudades, comunidades y vidas ahora ofrece oportunidades para un cambio positivo a través del vehículo del diseño y a través de nuestros conjuntos de herramientas, nuestra mentalidad, nuestros medios y nuestros métodos. Mientras que la arquitectura, en una era de ladrillos y mortero, celebraba la solidez y la dureza, el diseño ambiental hoy se encuentra en un lugar donde la agilidad, la suavidad, la capacidad de respuesta y la responsabilidad cobran gran importancia.

La sostenibilidad es un factor central en tales reflexiones. Con la disminución de los recursos, la escalada del cambio climático, la creciente tensión y el aumento del riesgo, la arquitectura se encuentra en una posición interesante. Sin lugar a dudas, como parte del problema del deterioro ambiental, los edificios contribuyen de manera seria a la desaparición de nuestro planeta. Sin embargo, a la luz del aumento de las emisiones de gases de efecto invernadero, las crecientes contribuciones a los vertederos, el deterioro de la salud pública y otros desarrollos angustiantes, la arquitectura y el diseño ambiental ofrecen esperanza. El diseño, por su naturaleza, está bien equipado para abordar desafíos altamente complejos y problemas profundamente desconcertantes. Arquitectos, paisajistas, diseñadores de interiores, industriales y urbanos, por nombrar solo algunos jugadores vitales, tienen todos claves estratégicas para movernos en la dirección correcta. Dicho esto, se requieren muchos ajustes estratégicos y maniobras tácticas, incluso en el ámbito político, para liberar el poder del diseño dentro y hacia un mundo necesitado.

El nuevo libro de Carmela Cucuzzella y Sherif Goubran, titulado "Arquitectura Sostenible: Entre Medición y Significado" llega en un momento significativo. Su volumen editado desafía muchas de las suposiciones que se han desarrollado en los últimos años con respecto al concepto de "sostenibilidad". Sostenibilidad es un término que ha ampliado su alcance y su significado, y ha sido ampliamente adoptado por muchos sectores de la sociedad en un esfuerzo por virar un barco que perceptiblemente se encamina hacia el desastre. Sin embargo, con una aceptación tan fuerte viene la confusión y, a veces, el desorden. De muchas maneras y en muchos rincones encontramos fatiga con la jerga, sintiendo por un lado el imperativo de actuar, aunque a menudo no está claro qué pasos tomar. Un obstáculo importante para avanzar con propósito y éxito es la obsesión de Occidente por las métricas, los hechos y las verdades. Las métricas pueden perder su marca. Los hechos pueden cambiar según la eficacia de nuestra instrumentación y la potencia de nuestras teorías. Las verdades suelen ser relativas. Un mantra demasiado común adoptado por una gran cantidad de jugadores sugiere: "Si no puedes contarlo, no cuenta". Sin embargo, no todo lo que importa, o lo que podría o debería tenerse en cuenta en nuestras ecuaciones, puede contarse o caracterizarse fácilmente.

Este nuevo volumen editado da un paso crucial en su desafío directo al pensamiento convencional sobre sostenibilidad. Destacando la propuesta de que la sostenibilidad debe ir más allá de las matemáticas y la medición, los diversos capítulos sirven para abrir nuestras mentes a nuevas formas de ver, pensar y actuar. Más allá de las dimensiones fácilmente cuantificables de un proyecto de diseño ambiental, ya sea el consumo de energía, el uso de agua o los niveles de compuestos orgánicos volátiles, residen aspectos que inyectan sustancia y significado a nuestros viajes. Los diversos autores invitados, en sus diversos y reflexivos capítulos, revelan características de la arquitectura y el diseño que, al final del día, resultan ser las más esenciales para un mundo más sostenible. En lugar de simplemente descartar el valor de la evidencia, la investigación y los asuntos empíricos, los autores aceptan el poder de la ciencia contemporánea y van más allá para capturar dimensiones más etéreas de la habitación que son vitales para hacer realidad ciudades, vecindarios, edificios, lugares y espacios verdaderamente sostenibles.

La civilización moderna, en numerosos aspectos, se ha deslizado hacia un medio en el que el pensamiento dualista ha oscurecido nuestra capacidad de ver con claridad y definición. Consideramos las situaciones como polaridades: arte-ciencia, poético-pragmático, suave-duro, intuitivo-racional, analógico-digital, corazón-mente, sentimiento-pensamiento, etc. Este análisis clínico de nuestro mundo, y las presiones que lo acompañan para luego tomar partido, ha sido destructivo y contraproducente. Ha introducido esferas de fragmentación, aislamiento, separación, desconexión y privación de derechos. Además, y con demasiada frecuencia, un lado del espectro se ha visto favorecido por encima del otro, haciendo que la ciencia, la tecnología, la ingeniería y las matemáticas estén por encima de otros medios de comprensión. Teniendo en cuenta mi propio mundo y mi propia visión, informado por mi postura como arquitecto y psicólogo, e influenciado por mi experiencia que abarca la ciencia y el arte, veo la situación actual como terrible y necesitada de numerosos y concertados ataques quirúrgicos. En el centro del desafío está la necesidad de estabilidad, equilibrio y holismo. En mi marco holístico para el diseño y la planificación, destaco la necesidad de una interacción armoniosa de agilidad, aptitud, diversidad y placer. Esta última cualidad, que reconoce la belleza, busca la felicidad y acepta cosas incomprensibles, ha sido controvertida, en gran parte debido a su incapacidad para definirse empíricamente. Dicho esto, la noción de deleite tiene tanto caché y valor como cualquier componente de un proyecto que pueda contarse rápidamente, simplemente medirse o medirse metódicamente.

El presente libro editado es significativo en muchos sentidos, pero quizás lo más vívido sea la inclusión de una serie de facetas que hacen que nuestras estancias sean interesantes, satisfactorias y significativas. La sostenibilidad es mucho más que ahorros operativos, conservación de agua y energía incorporada reducida. La sostenibilidad debe ser más profunda y rica, teniendo en cuenta características más indeterminadas y cualitativas como el valor social, la riqueza estética, el bienestar ampliado, la vitalidad cultural y la labranza espiritual. Este oportuno volumen de Cucuzzella y Goubran sirve para aplicar frenos a nuestra trayectoria tecnocéntrica amplificada, brindando al lector la oportunidad de considerar la riqueza del diseño y su capacidad para proporcionar entornos más apropiados, sensibles y humanos para vivir, jugar, trabajar, sobrevivir y prosperar.

Si bien las profesiones del diseño ambiental han avanzado mucho en las últimas décadas, con respecto a la reducción de la huella ecológica y el aumento de la calidad de vida, queda aún mucho trabajo por delante. Si bien los enfoques iniciales de calificación de edificios eran demasiado simplistas y demasiado estrechos, las iteraciones y los avances recientes han movido la aguja hacia la salud individual y el bienestar social. Este progreso es alentador y esencial. Sin embargo, dadas las crisis recientes, incluida la llegada de una pandemia mundial, el aumento de los movimientos antirracistas, las crecientes tensiones políticas aparentes dentro y entre las naciones, la creciente división de la riqueza, por nombrar solo algunos desafíos abrumadores en nuestras vidas, existe una urgencia de actuación para arquitectos y profesionales afines. Dicha acción debe considerar el comportamiento de sistemas complejos: no podemos continuar con gestos fragmentarios y pasos parciales que con demasiada frecuencia son descoordinados, inapropiados e impotentes. En mi opinión, la r/evolución exigirá un abrazo de largo alcance que rodee la ciencia, artes, humanidades, cultura, el contexto y la espiritualidad. No debemos tener miedo de pisar terrenos inexplorados y anticipar colisiones sin precedentes. También debemos estar dispuestos a invertir el tiempo y los recursos necesarios para adaptar las soluciones al lugar y las circunstancias: en un nuevo dominio de la sostenibilidad, no hay una única solución para todos y es poco probable que haya respuestas universales. Afortunadamente, la ciencia y la tecnología, combinadas con sabiduría y humildad, con el sentido común y la orientación centrada en el ser humano, pueden generar soluciones basadas en el lugar que satisfagan las expectativas, amplíen la comodidad y reduzcan el impacto. Una era de ciudades inteligentes, edificios inteligentes y espacios receptivos es posible, y debería ser eficaz si está impulsada tanto por la inteligencia artificial como por la compasión mortal. Al enfrentarnos a una incertidumbre insondable, debemos aprender a correr mayores riesgos, a aceptar que no todo es comprensible, y a entender que la firmeza, la moderación y la apertura mental son aspiraciones centrales.

La llegada de *Arquitectura Sostenible: Entre Medición y Significado* es una adición bienvenida a nuestras conversaciones nacionales e internacionales sobre el futuro de las ciudades y sociedades. A través de sus variados y convincentes capítulos, el libro pide una reconsideración del diseño a la luz de las realidades que cambian rápidamente en nuestro nuevo milenio. Los autores nos brindan puntos de vista diferentes, estimulantes pero complementarios para evaluar nuestro lugar, procesos y progreso mientras vivimos en un planeta cada vez más angustiado. Carmela Cucuzzella y Sherif Goubran deberían ser elogiados por su visión, esfuerzos y éxito al enfrentar el status quo, y por guiar a un talentoso grupo de autores para que se unan a ellos en este agudo viaje.

Dr. Brian R. Sinclair, PhD DrHC FRAIC AIA (Intl)

AGRADECIMIENTOS

Agradecemos el apoyo financiero brindado a través del programa de la Cátedra de Investigación de la Universidad de Concordia y el Consejo de Investigación de Ciencias Sociales y Humanidades de Canadá, sin el cual este proyecto no podría haber tomado forma. Queremos agradecer a Maddy Capozzi por desarrollar el diseño de la portada del libro. Además, agradecemos enormemente la excelente asistencia editorial y de edición que recibimos de Ian Anthony Taylor. Nos gustaría agradecer al profesor Terrance Galvin por su cuidadosa revisión del manuscrito. También nos gustaría agradecer al profesor Brian Sinclair por su perspicaz prólogo, que captura la esencia de la colección. Finalmente, nos sentimos muy en deuda con todos los colaboradores de esta colección por su flexibilidad y paciencia durante el desarrollo del proyecto.

INTRODUCCIÓN
Atrapados entre la medida y el significado

Carmela Cucuzzella

Universidad Concordia, Canadá

Sherif Goubran

Universidad Americana en El Cairo, Egipto

INTRODUCCIÓN

A menudo pensamos en la arquitectura sostenible como una forma de diseñar y construir edificios para que coexistan en armonía con el entorno que los rodea. Pensamos en términos de reducir los impactos negativos sobre la flora, fauna, recursos naturales, nuestras comunidades y nuestra economía. Para muchos de estos imperantes objetivos, la medición es clave para diseñar de manera sostenible. Pero, ¿cómo afectan los edificios sostenibles a las cualidades interrelacionadas de nuestro entorno construido, y cómo se relacionan de manera más general con la calidad de vida de todas las especies vivas?

Philippe Boudon ha afirmado que "la medida [medición] en el diseño arquitectónico necesariamente asocia algo cualitativo y cuantitativo, pero es comprensible que esto siga la noción de que no es posible tener ninguna medición sin significado" (Boudon 1999a, p. 9, traducido por los autores). Si estamos de acuerdo en que la medición consiste en asignar un número a una característica de un objeto o evento para que pueda compararse con otros objetos o eventos, entonces el proceso absorbe inherentemente la relevancia de las cualidades de su objeto o evento. La práctica de la arquitectura sostenible implica una lista interminable de medidas destinadas a enumerar los daños ambientales y la optimización de los procesos. Estos hechos y cifras cuantitativos proceden únicamente porque existe la intención de visualizar, comprender y gestionar los impactos dañinos de la arquitectura y la construcción. La arquitectura sostenible ha sido invadida por las mediciones, pero ¿a qué devastador costo arquitectónico y, lo que es más importante, a qué resultados concretos de desarrollo sostenible?

A pesar de todo lo que sabemos sobre la actual crisis de sostenibilidad, a pesar de los muchos parámetros de sostenibilidad que medimos o gestionamos, y a pesar de nuestra habilidad para desarrollar nuevas tecnologías ecológicas, la tasa de daños ambientales sigue aumentando en todo el planeta (Venter et al., 2016). Si bien el crecimiento de la población es uno de los factores más conocidos que afectan al medio ambiente (Ehrlich, 1968), este por sí solo no explica este fenómeno. Todos los sectores del desarrollo contribuyen a esta destrucción: es decir, transporte, alimentos, construcción e infraestructura, etc. Pero los prominentes efectos de los edificios sobre el medio ambiente han sido establecidos desde hace mucho tiempo. A escala global, los edificios (durante su construcción y operaciones) consumen aproximadamente el 40% del suministro de energía, el 30% de las materias primas, el 12% del agua dulce global, y para generar globalmente hasta el 20% de los GEI globales, el 40% del total de residuos a vertederos y el 20% de los efluentes de agua.

De hecho, los objetivos de reducción de energía y emisiones no son nuevos; se propagaron por primera vez durante la crisis del petróleo de 1973 (Peffer et al., 2011) y desde entonces han estado profundamente arraigadas en el avance técnico de los edificios. En muchos casos, es la tecnología la que impulsa la innovación en el entorno construido (De Dear, 2011). De manera similar, el énfasis tecnológico en la eficiencia de los recursos para abordar la degradación ambiental desarrollada sistemáticamente a lo largo de las décadas de 1980 y 1990 comenzó a alcanzar sus limitaciones hacia el cambio de siglo (Cucuzzella, 2009; Rossi, 2004; Papanek, 2000). En años más recientes, la infraestructura energética y la limitación de la red han empujado a los investigadores a explorar formas de controlar la demanda de energía, especialmente durante las horas pico (Zehir et al., 2019). Cuando la estrategia de ecoeficiencia se adopta con exclusión de otros enfoques de diseño, se tiende a subordinar las preocupaciones centrales y complejas del diseño a una misión establecida (Rotor, 2014; Guy y Moore, 2005; Hansen y Knudstrup, 2005).

La estrategia subyacente a la ecoeficiencia tiene como objetivo la *prevención* de riesgos, y la reducción de los riesgos conocidos y medibles. Tal objetivo es el producto de una sociedad donde hay poca tolerancia a la ocurrencia de riesgos y un esfuerzo significativo para mitigar sus resultados (Cucuzzella, 2016a). Dada la doble crisis de cambio climático y degradación ambiental, esto está bastante justificado. Sin embargo, la investigación ha demostrado que el uso excesivo de las ecoeficiencias por sí mismas puede en realidad conducir a un mayor impacto ambiental. En ocasiones, esto puede estar relacionado con resultados no deseados de optimizaciones del rendimiento y, en otras ocasiones, con actividades o sectores secundarios o terciarios no relacionados (Alcott, 2008; Herring y Roy, 2007; Sorrell, 2007; Madlener y Alcott, 2006). Hace más de 150 años, William Stanley Jevons descubrió que las ganancias en eficiencia energética conducen finalmente a un mayor consumo de energía (Polimeni, Mayumi, Giampietro y Alcott, 2008), y su paradoja se manifiesta en varios aspectos de la vida incluso hoy. El fenómeno es claramente evidente en el consumo de energía residencial.

Como ejemplo de esto, considermos a Canadá. El Comité Permanente de Energía, Medio Ambiente y Recursos Naturales del Senado indicó en su informe de noviembre de 2018 que, a pesar de las ganancias sustanciales de eficiencia logradas desde principios de la década de 2000, las emisiones generales de GEI del sector de la construcción solo han disminuido en un 3 por ciento. Además, el consumo total de energía del sector de la construcción está aumentando y se espera que continúe haciéndolo durante varios años más (Comité Permanente del Senado - Energía, Medio Ambiente y Recursos Naturales, 2018). De hecho, desde la década de 1990, la eficiencia energética en el sector residencial ha mejorado en un 45 por ciento, pero el consumo total de energía del sector ha aumentado en casi un 7 por ciento. Mientras tanto, la población del país ha aumentado solo en un 21 por ciento.

Lo que esto indica es que, si bien las nuevas tecnologías y las medidas de rendimiento mejoradas ofrecen eficiencia de recursos y ganancias económicas (Berardi, 2012), por sí solas no pueden ser la respuesta a los problemas de insostenibilidad a los que se enfrenta la humanidad (Jackson, 2004).

Sin embargo, incluso sabiendo todo esto, los enfoques de gestión ambiental, ejemplificados por certificaciones, herramientas de evaluación y estándares, se asocian con mayor frecuencia con el logro de la sostenibilidad en el entorno construido. Y si bien jugaron un papel vital en la popularización de los edificios "verdes", sus enfoques de diseño normalizados y fragmentados muestran algunas debilidades importantes (Díaz-López et al., 2019; Cucuzzella, 2019; Riascos et al., 2015). Además, la naturaleza lenta y acumulativa de los códigos y los estándares podría no ser capaz de hacer frente de manera eficiente a la complejidad de los desafíos que enfrentamos (Goubran, Masson, et al., 2020). Estos ineludibles medios de evaluación estandarizada para la arquitectura sostenible no se cuestionan aquí. Más bien, es la dependencia estricta en el enfoque de ecoeficiencias medibles lo único que se cuestiona en esta colección (Cucuzzella, 2016b, 2009). En lo que nos enfocamos, en particular, es cuando este comportamiento conduce a la producción de edificios e infraestructuras 'más verdes' cada vez más estrictamente definidos y no considera un contexto más amplio, espacial, temporal, social, cultural o de otro tipo. En realidad, construir de manera sostenible requiere dedicar la misma atención a los impactos ambientales, sociales, culturales y económicos de una estructura. Esto significa mover el enfoque de diseño y desarrollo más allá de la medición y reducción de daños, y hacia el objetivo de proteger el medio ambiente, promover el desarrollo cultural, fomentar el desarrollo económico local, y abordar los desafíos sociales en nuestras comunidades. De esta forma, los edificios sostenibles pueden ir más allá de los materiales y la energía que utilizan para contribuir de forma proactiva a la sociedad (Goubran, 2019a). Estas inter-interacciones e intra-acciones entre edificios pueden y deben ocurrir en una variedad de escalas.

Consideremos un breve experimento mental sobre cómo considerar la escala puede tener una serie de impactos positivos en la arquitectura sostenible. Durante el proceso de diseño, el arquitecto necesariamente articula numerosos tipos de escala. Por ejemplo, evalúan las consideraciones escalares de las tecnologías ambientales o cómo la escala del edificio, el vecindario o la región puede contribuir a una reducción general del uso de energía. La escala puede incluso considerarse en términos del indicador económico en el que se calculará monetariamente el espacio ocupable. La escala funcional se ocupa de las comparaciones y la distribución del espacio del piso. La escala estructural se utiliza para medir cómo se apoyan mejor los espacios de manera que no infrinjan las cualidades espaciales. Incluso la escala del modelo se convierte en un medio de deliberación para ayudar a comprender mejor las optimizaciones constructivas específicas. De hecho, con la digitalización actual de los modelos de arquitectura, el modelo digital también es un mecanismo clave para la medición de diversas características ambientales (Picon, 2010). Además de las preguntas directamente relacionadas con el diseño de un edificio, la escala también debe referirse a los elementos físicos y sociales que rodean la estructura. Esto significa la relación del nuevo edificio con la calle, los edificios adyacentes, los espacios verdes intermedios y el vecindario. La concepción de la escala arquitectónica también debe considerar la relación del proyecto con la comunidad, las culturas dentro de la comunidad, la diversidad de los individuos, etc. Al garantizar la complejidad de tales elementos escalares (modelos variables, comparaciones espaciales o consideraciones vecinas), no se puede ignorar ninguno. Concebir una arquitectura sostenible a través de la lente de la escala necesariamente abarca tanto la medición como el significado. Philippe Boudon, ya en 1999, desarrolló la noción de escala en varias operaciones constituyentes (Boudon, 2002, 1999a, 1999b). Según él, el término "escala" en arquitectura puede referirse a tres niveles: (1) la calidad estética (grandiosidad), (2) los elementos cuantitativos (medidas) y (3) su significación como concepción intelectual (relevancia).

Dado este experimento, está claro que debe desafiarse la dependencia de los métodos y herramientas de gestión ambiental por sí solos para lograr la sostenibilidad en los edificios. Por sí solos, los enfoques reductivos y centrados en la tecnología han llevado a resultados contraproducentes, de los cuales podemos identificar tres:

En primer lugar, tanto las herramientas de gestión ambiental como las eco-tecnologías se desarrollaron sobre la base de su capacidad para pronosticar o mitigar riesgos predecibles en las crisis climáticas y de sostenibilidad. Esto es, en cierto sentido, una fortaleza, ya que permite a los arquitectos reducir los resultados potencialmente peligrosos de un diseño edificable. Sin embargo, también es una debilidad, ya que las personas que habitan estos edificios magníficamente optimizados no siempre cumplen con las expectativas de diseño. La diversidad e imprevisibilidad de los comportamientos humanos es un hecho, pero no se suele considerar en la contabilidad ambiental del diseño de edificios, ni en la evolución futura de un espacio y sus funciones (Khasreen, Banfill y Menzies, 2009). Esto ha dado lugar a divergencias significativas entre el rendimiento real y el prometido o previsto en edificios sostenibles (Amiri et al., 2019; Newsham et al., 2009; Stoppel & Leite, 2013; Yudelson & Meyer, 2013).

En segundo lugar, el enfoque limitado de la mayoría de las herramientas de gestión ambiental tiende a fragmentar un problema de diseño dado en un conjunto finito de variables que rara vez captura la complejidad de un contexto y situación de diseño dados (física, social o culturalmente), lo que da como resultado que se le dé muy poca consideración, o incluso ninguna (Farmer, 1996; Guy & Farmer, 2000; Rossi, 2004). Este análisis fragmentado de proyectos completos en términos de sus muchas partes individuales es problemático, especialmente cuando se piensa en capturar sinergias y coherencia del proyecto. A veces, incluso da lugar a soluciones contraproducentes. Esta es una generalización del experimento mental anterior sobre la cuestión de la escala. El simple hecho de pensar en la escala al diseñar una arquitectura sostenible ya rompería el marco normativo actual de las herramientas de gestión ambiental. Este no es más que un ejemplo. Aquí radica el epítome de la tensión entre medición y significado.

En tercer lugar, la naturaleza prescriptiva o normativa de las herramientas de evaluación sostenible deja poco espacio para explorar soluciones profundamente innovadoras (Cucuzzella, 2019; Goubran, 2019b). En muchos casos, la manera intuitiva y visionaria con la que ciertos arquitectos diseñan sus proyectos está en desacuerdo con la previsibilidad y la mensurabilidad necesarias para el diseño óptimamente eficiente de características ecológicas específicas.

Los diseños recientes de edificios e infraestructuras han demostrado que los enfoques sostenibles predominantes siguen siendo bastante normativos cuando se evitan las soluciones experimentales por considerarlas demasiado arriesgadas económicamente (Cucuzzella, 2019; Ravetz, 2004; Stirling, 2006). Incluso se puede sugerir que los métodos de diseño sostenible normativos y empíricos marginan ciertos enfoques de diseño (Goubran, 2019b). Esto se vuelve problemático cuando los diseños completos se centran en el rendimiento en lugar de en las cualidades estéticas y experimentales de un proyecto (Cucuzzella, 2016b). Esto limita la capacidad de los diseñadores para reflexionar y adaptarse a las realidades locales y regionales, para descubrir nuevas soluciones de diseño o para lograr calidad y liderazgo en el diseño a través de prácticas reflexivas (Nelson & Stolterman, 2012; Schön, 1983).

RESUMEN DE LA COLECCIÓN

¿Por qué la arquitectura sostenible ha seguido centrándose principalmente en las tecnociencias y los métodos de gestión en lugar de en enfoques cualitativos más integrales para diseñar lugares para la vivienda?

Dado que la evolución de la disciplina y la profesión arquitectónica se está desplazando necesariamente más allá de sus fundamentos históricos a medida que la demanda global de espacios para vivir y trabajar continúa creciendo exponencialmente, ¿cómo se está produciendo esta convergencia entre la medición y el significado? Mientras que el campo de la arquitectura está limitado por su historia, su potencia de significados y capital simbólico, el campo de la sostenibilidad es ilimitado y abarca múltiples profesiones y disciplinas (Owen & Dovey, 2008). La sostenibilidad se ha basado en la ciencia objetiva y ha perpetuado una cosmovisión mecanicista, sin embargo, es esta cosmovisión muy mecanicista la que nos ha permitido identificar las apremiantes condiciones ambientales y sociales actuales. Por lo tanto, existe una renuencia a abandonar dicho conocimiento científico al diseñar edificios para el futuro. Los arquitectos que se comprometen con prácticas sostenibles deben apuntar a conciliar ambos campos. Sin embargo, los arquitectos y diseñadores ya se están dando cuenta de que la sostenibilidad se está moviendo rápidamente hacia un paradigma tecnocrático (Steele, 2005; Vandevyvere & Heynen, 2014). Esta puede ser una de las razones por las que a menudo el campo de la arquitectura sostenible está en conflicto con el campo de la arquitectura.

Sin embargo, la mayoría de la investigación sobre arquitectura sostenible hoy enfatiza la dimensión cuantitativa y ocasionalmente es recibida por críticas académicas que señalan su falta de significados socioculturales. Todos los días, decenas, si no cientos, de nuevos artículos, libros e informes presentan métodos, tecnologías y estándares para lograr la sostenibilidad en la arquitectura y el entorno construido. Por supuesto, la tecnología seguirá teniendo un lugar en todos los aspectos de la sociedad y la humanidad, y no se duda de su importancia. Pero a medida que los nuevos materiales, dispositivos tecnológicos y datos se consideran cada vez más como los elementos básicos del futuro de la arquitectura, estamos perdiendo de vista las preocupaciones fundamentales de expresión, contextualidad, funcionalidad y estética, que durante mucho tiempo han sido la base histórica de la arquitectura como una profesión y una disciplina. A medida que adoptamos cada vez más la tecnología, es posible que estemos empujando la arquitectura hacia una ciencia administrativa. Esto demuestra la opinión de Panayiota Pyla de que "la sostenibilidad corre constantemente el peligro de convertirse en una doctrina totalizadora que subsuma al pensamiento crítico" (2008). A medida que avanzamos hacia un futuro tecnocrático sostenible, perdemos la humanidad de la arquitectura: la relación recíproca entre humanos que crean espacios significativos que a su vez condicionan el futuro de la humanidad. Lo que le falta a la literatura es una investigación crítica sobre el significado de la arquitectura sostenible y las formas alternativas de avanzar: aquellas más allá de las respuestas reaccionarias al modus operandi tecnocéntrico.

En una época de soluciones en competencia, este libro retrocede para reflexionar sobre por qué nuestras acciones aún no están frenando la degradación social y ambiental global. Reconoce que la arquitectura seguirá ocupando un papel vital en nuestro mundo; es el campo que crea nuestros lugares de vivienda, de negocios, de producción, de ocio, de aprendizaje y de creación. También reconoce que los edificios están profundamente conectados con los contextos históricos de sus sitios y juegan un papel clave en la definición de nuestras relaciones sociales y nuestra conexión con los espacios que ocupamos y usamos. Más allá de la medición y la contabilidad abstractas que ocupan hoy el epicentro del sector de los edificios ecológicos, este libro tiene como objetivo reexaminar la arquitectura sostenible y las intrincadas fricciones entre la medición y los significados que pueden conducir a la *sostenibilidad.*

A través de una breve colección de ensayos críticos preparados por académicos y profesionales, el libro expone que la sostenibilidad en la arquitectura es una ciencia humana y social que se encuentra en la intersección de medidas y significados. Revela que la arquitectura sostenible aún puede operar en un espacio dialéctico de expresión en lugar de como un manifiesto de los extremos técnicos o socioculturales. Esa arquitectura sigue siendo la profesión de creación de significado, mucho más allá de un simple titular de actividades y eco-tecnologías. Que las intuiciones, sentidos y habilidades humanas todavía tienen la clave para desentrañar futuros alternativos de espacios construidos sostenibles. Y lo más importante, que los humanos todavía tienen un lugar en la arquitectura sostenible.

Este libro busca ir más allá del desarrollo cada vez mayor de las eco-tecnologías y sus ecoeficiencias medidas hacia la investigación de la sostenibilidad de una manera más amplia e interdisciplinaria. Proporciona una investigación transversal que comunica diferentes enfoques, teorías y prácticas de sostenibilidad. La colección está compuesta por seis aportaciones, complementadas con prefacios para cada capítulo (elaborados por los coeditores). Las contribuciones se seleccionaron en función de su capacidad para unir la teoría y la práctica, y para descubrir específicamente la tensión, a menudo inexplorada, entre los significados y las medidas de la arquitectura sostenible. En el **primer capítulo**, Anne Cormier aborda la cuestión de la medición en la arquitectura, en todas sus diversas formas, para resaltar que lo humano no tiene cabida en una arquitectura de escalas infinitas. En el **segundo capítulo**, Carmela Cucuzzella explora los diferentes modos de ser de la arquitectura sostenible, basando su exploración en el trabajo de Jean-Paul Sartre. La exploración teórica expone la insuficiencia del diseño de arquitectura sostenible como simplemente un ejercicio de hechos (facticidad) o como un medio expresivo de comunicar "verdor" (percepción) para cumplir con las expectativas de sostenibilidad a largo plazo. En el **tercer capítulo**, Nada Tarkhan investiga cómo el discurso y la retórica de la arquitectura sostenible están influenciados por los desarrollos tecnológicos y la demanda del mercado. Ella expone un círculo vicioso donde las dimensiones cualitativas de la arquitectura quedan marginadas. Tom Jefferies y Laura Coucil exploran más a fondo la noción de representación de datos en la arquitectura sostenible en el **capítulo cuatro**. Proponen que reincorporar la dimensión humana y física en la arquitectura sostenible puede ayudar a desviar el enfoque de las métricas impulsadas por la eficiencia hacia el diseño para la efectividad. Los capítulos cinco y seis reintegran la arquitectura sostenible en la práctica. En el **capítulo cinco**, Izabel Amaral emplea la teoría de la tectónica para explorar más a fondo las dimensiones no cuantificables e inmateriales de la arquitectura sostenible. Propone que el proceso de hacer -o la arquitectura como artesanía- puede actuar como fuerza mediadora entre el significado y la medida en el diseño sostenible. Finalmente, en el **capítulo seis**, Ted Cavanagh investiga más a fondo las dimensiones de *hacer* arquitectura sostenible: lo global versus lo local, y lo personalizado versus lo replicable. A través de una investigación mixta teórica y práctica, destaca que la confusión de estas escalas puede eliminar el carácter local que necesariamente debería definir el diseño de edificios sostenibles. El libro concluye con un breve epílogo que tiene como objetivo crear un espacio para que los lectores reflexionen críticamente e interactúen con los conceptos presentados.

REFERENCIAS

Alcott, B. (2008, April). Ipat and Rebound Effect. Trabajo presentado en *Economic Degrowth for Ecological Sustainability and Social Equity*. París, Francia.

Amiri, A., Ottelin, J., & Sorvari, J. (2019). Are LEED-certified buildings energy-efficient in practice? *Sustainability (Switzerland), 11*(6). https://doi.org/10.3390/su11061672

Boudon, P. (1999a). «Échelle» En Architecture Et Au-De Là Mesurer L'espace; Dépasser Le Modèle Géométrique. *Les annales de la recherche urbain, 0180-930-III*(82), 5-13.

Boudon, P. (1999b). Semiotics and Architecture: The Notion of Scale and Charles S. Peirce's Categories. *Nordisk Arkitekturforskning, 1*, 19-25.

Boudon, P. (2002). Echelle(S) - L'architecturologie Comme Travail D'épistémologue La Bibliotheque. Economica.

Cucuzzella, C. (2009). The limits of current evaluation methods in a context of sustainable design: prudence as a new framework. *International Journal of Design Engineering, 2*(3), 243–261. https://doi.org/10.1504/IJDE.2009.030174

Cucuzzella, C. (2016a). Creativity, sustainable design and risk management. *Journal of Cleaner Production, 135*, 1548–1558. https://doi.org/10.1016/j.jcle pro.2015.12.076

Cucuzzella, C. (2016b). Tensions between Expert Evaluations and Qualitative Judgment in Canadian Architectural Competitions. En J. E. Anderson, G. B. Zettersten, & M. Rönn (Eds.), *Architectural Competitions as Institution and Process* (pp. 117–138). The Royal Institute of Technology.

Cucuzzella, C. (2019). The normative turn in environmental architecture. *Journal of Cleaner Production, 219*, 552–565. https://doi.org/10.1016/j.jcle pro.2019.02.084

De Dear, R. (2011). Revisiting an old hypothesis of human thermal perception: Alliesthesia. *Building Research and Information, 39*(2), 108–117. https://doi. org/10.1080/09613218.2011.552269

Díaz-López, C., Carpio, M., Martín-Morales, M., & Zamorano, M. (2019). Analysis of the scientific evolution of sustainable building assessment methods. *Sustainable Cities and Society, 49* (February), 101610. https://doi.org/10.1016/ j.scs.2019.101610

Duranton, G., & Tuner, M. A. (2011). The Fundamental Law of Road Congestion: Evidence from Us Cities. *American Economic Review 101* (October), 2616–2652.

Ehrlich, P. R. (1968). *The Population Bomb*. Buccaneer Books.

Farmer, J., (1996). *Green Shift: Towards a Green Sensibility in Architecture*. Butterworth Architecture in association with WWF-UK.

Goubran, S. (2019a, June 10). Opinion: Let's build sustainably, not just "green". *Montreal Gazette*, 1–4. https://montrealgazette.com/opinion/opinion-lets-build-sustainably-not-just-green

Goubran, S. (2019b). Sustainability in architectural design projects – a semiotic understanding. *Social Semiotics*. https://doi.org/10.1080/10350330.2019.1681 062

Goubran, S., Masson, T., & Walker, T. (2020). Diagnosing the local suitability of high-rise timber construction. *Building Research & Information, 48*(1), 101–123. https://doi.org/10.1080/09613218.2019.1631700

Guy, S., & Farmer, G. (2000). Contested Constructions: The competing logics of green buildings and ethics. En W. Fox (Ed.), *Ethics and The Built Environment* (pp. 73–87). Routledge.

Guy, S. & Moore, S. A. (2005). Reflection and Engagement: Towards Pluralist Practices of Sustainable Architecture. In S. Guy & S. Moore (Eds.) *Sustainable Architectures: Cultures and Natures in Europe and North America*. Spon Press.

Haag, D., & Kaupenjohann, M. (2001). Parameters, prediction, post-normal science and the precautionary principle—a roadmap for modelling for decision-making. *Ecological Modelling, 144*(1), 45–60. https://doi.org/10.1016/S0304-38 00(01)00361-1

Hansen, H. T. R., & Knudstrup, M.A. (2005). The Integrated Design Process (IDP): a more holistic approach to sustainable architecture. *The 2005 World Sustainable Building Conference*, 894–901.

Herring, H., & Roy, R. (2007). Technological Innovation, Energy Efficient Design and the Rebound Effect. *Technovation 27*(4), 194-203.

Jackson, T. (2004). Negotiating Sustainable Consumption: A Review of the Consumption Debate and its Policy Implications. *Energy & Environment, 15*(6), 1027–1051. https://doi.org/10.1260/0958305043026573

Khasreen, M., Banfill, P. F., & Menzies, G. (2009). Life-Cycle Assessment and the Environmental Impact of Buildings: A Review. *Sustainability, 1*(3), 674–701. https://doi.org/10.3390/su1030674

Madlener, R., & Alcott, B. (2006). Energy Rebound and Economic Growth: A Review of the Main Issues and Research Needs. En *Proceedings of the 5th International Biennial Workshop "Advances in Energy Studies – Perspectives into Energy Future"*. Porto Venere, Italia.

Nelson, H. G., & Stolterman, E. (2012). *The Design Way: Intentional Change in an Unpredictable World* (2nd ed.). The MIT Press.

Newsham, G. R., Mancini, S., & Birt, B. J. (2009). Do LEED-certified buildings save energy? Yes, but.... *Energy and Buildings, 41*(8), 897–905. https://doi.org/10.1016/j.enbuild.2009.03.014

Owen, C., & Dovey, K.(2008). Fields of Sustainable Architecture. *The Journal of Architecture, 13*(1), 9-21.

Peffer, T., Pritoni, M., Meier, A., Aragon, C., & Perry, D. (2011). How people use thermostats in homes: A review. *Building and Environment, 46*(12), 2529–2541. https://doi.org/10.1016/j.buildenv.2011.06.002

Picon, A.(2010). *Digital Culture in Architecture: An Introduction for the Design Professions* (1st ed.) Birkhäuser.

Polimeni, J. M., Mayumi, K., Giampietro M., & Alcott, B. (2008). *The Jevons Paradox and the Myth of Resource Efficiency Improvements*. Earthscan Publications.

Pyla, P. (2008, April). Counter-Histories of Sustainability. *Archis*, 1–13. volume project.org/counter-histories-of-sustainability/

Ravetz, J. (2004). The Post-Normal Science of Precaution. *Futures 36*(3), 347-357.

Riascos, C. E. M., Romero, J. F. A., & Riascos, L. A. M. (2015). Classification of Assessment Methods for Analyzing Sustainability in Buildings. *Journal of Civil Engineering and Architecture Research, 2*(10), 976–984.

Rossi, M. (2004). Reaching the Limits of Quantitative Life Cycle Assessment. En *Clean Production Action*. European Commision.

Rotor (2014). *Behind the Green Door: A Critical Look at Sustainable Architecture through 600 Objects*. Oslo Architecture Triennale.

Schön, A. D. (1983). *The Reflective Practitioner*. Basic Books.

Steele, J. (2005). *Ecological architecture: a critical history 1900-today*. Thames & Hudson.

Stirling, A. (2006). Precaution, Foresight and Sustainability: Reflection and Reflexivity in the Governance of Science and Technology. En *Reflexive Governance for Sustainable Development*. Edward Elgar Publishing. https://doi.org/10.4337/9781847200266.00020

Stoppel, C. M., & Leite, F. (2013). Evaluating building energy model performance of LEED buildings: Identifying potential sources of error through aggregate analysis. *Energy and Buildings, 65*, 185–196. https://doi.org/10.1016/j.enbuild.2013.04.016

The Senate Standing Committee - Energy the Environment and Natural Resources. (2018). *Reducing Greenhouse Gas Emissions from Canada's Built Environment.*

Vandevyvere, H., & Heynen, H. (2014). Sustainable Development, Architecture and Modernism: Aspects of an Ongoing Controversy. *Arts, 3*(4), 350–366. https://doi.org/10.3390/arts3040350

Venter, O., Sanderson, E. W., Magrach, A., Allan, J. R., Beher, J., Jones, K. R., Possingham, H. P., Laurance, W. F., Wood, P., Fekete, B. M., Levy, M. A., & Watson, J. E. M. (2016). Sixteen years of change in the global terrestrial human footprint and implications for biodiversity conservation. *Nature Communications, 7*(1), 12558. https://doi.org/10.1038/ncomms12558

Yudelson, J., & Meyer, U. (2013). *The world's greenest buildings promise versus performance in sustainable design.* Routledge.

Zehir, M. A., Ortac, K. B., Gul, H., Batman, A., Aydin, Z., Portela, J. C., Soares, F. J., Bagriyanik, M., Kucuk, U., & Ozdemir, A. (2019). Development and field demonstration of a gamified residential demand management platform compatible with smart meters and building automation systems. *Energies, 12*(5), 1–19. https://doi.org/10.3390/en12050913

CAPÍTULO 1

PRÓLOGO DEL EDITOR

En el primer capítulo, Anne Cormier reformula la discusión sobre las medidas en la arquitectura alrededor del cuerpo humano. Ella traza la historia del cuerpo humano en la práctica y el discurso arquitectónico, destacando su intrincada conexión incluso en la escala más diminuta. Ella cuestiona algunos de los fundamentos de las prácticas actuales, como la digitalización, la estandarización y la normalización. Destacando que una arquitectura sin escala no tiene lugar para lo humano, que los estándares, en su objetivo de establecer valores comunes, excluyen la diversidad y que la normalización reduce el rango de posibles soluciones para nuestros desafíos de sustentabilidad que restringen la innovación. Ella propone que hoy el desarrollo tecnológico exponencial y las escalas amplias y competitivas de medidas relacionadas con la sostenibilidad (desde las micropartículas hasta el nivel global) han hecho que la escala del diseño sustentable sea infinita. Recomienda reconsiderar el pasado como una posible fuente para proporcionar soluciones para la sostenibilidad y tener en cuenta los fundamentos de la disciplina de la arquitectura como fuente de inventiva reflexiva. Así, si bien Cormier destaca que las medidas de sostenibilidad pueden ser infinitas, sus significados solo pueden emerger al considerar al ser humano en el proceso de diseñar, construir y ocupar espacios, noción que es fundamental para la historia de la disciplina.

Acercar, Alejar: Sostenibilidad en la(s) escala(s) de la Arquitectura

Anne Cormier

Universidad de Montreal, Canadá

La sostenibilidad en la arquitectura a menudo se limita a los materiales de construcción y la conservación de energía. Este capítulo aborda la sostenibilidad desde una perspectiva arquitectónica más amplia. Ofrece un viaje a través de las escalas de la arquitectura, desde lo humano a lo social, y desde lo molecular a lo urbano. Expone aspectos esenciales de la sostenibilidad en la arquitectura explorando una serie de preguntas. ¿Cuáles son las dimensiones de la sostenibilidad en la arquitectura? ¿Cómo interactúan? ¿Pueden contarse o categorizarse? Pero lo más importante, ¿cómo navegan el arquitecto y el diseñador a través de las escalas multifacéticas e interrelacionadas de la sostenibilidad?

El fascinante vértigo que puede inducir el uso de la escala ha sido bien descrito en *Cosmic Zoom* de Eva Szasz (1968), y en *A Rough Sketch for a Proposed Film Dealing with the Powers of Ten and the Relative Size of Things in the Universe* de Ray Eames (1968), producido el mismo año, y seguido en 1977 por el seminal *Powers of Ten: A Film Dealing with the Relative Size of Things in the Universe and the Effect of Adding Another Zero (Eames & Ray, 1977),* ambos encargados por IBM. Los tres cortometrajes se inspiraron en el ensayo *Cosmic View* de Kees Boeke (1957). Acercándose y alejándose (Zooming in and Zooming out), las películas exponen la escala relativa de los humanos a la del universo. Hoy en día, acercar y alejar la pantalla de un ordenador se ha convertido en una especie de hábito nervioso que desdibuja el concepto mismo de escala en la arquitectura.

En arquitectura, la escala se reduce principalmente. La mayoría de los edificios tienen dimensiones reales demasiado grandes para ser dibujadas a tamaño completo e impresas en una hoja de papel fácilmente transportable. La escala se ha utilizado durante mucho tiempo como una herramienta para medir dimensiones físicas con el fin de verificar hipótesis de diseño y compartir información sobre edificios. La escala también permite situar un edificio dentro de su entorno, en relación con estructuras construidas, parques, ríos, etc. Los arquitectos, constructores y otros profesionales todavía están capacitados para leer dibujos de diseño y construcción a escalas específicas para comprender qué es, será, fue o podría haber sido un edificio físicamente. La escala de un dibujo es parte de lo que le da legibilidad.

En este momento, e incluso a pesar de la notable cantidad de datos disponibles por las tecnologías de la información, los dibujos de trabajo arquitectónicos, utilizados por los contratistas para construir, consisten principalmente en proyecciones ortogonales básicas de los volúmenes de los edificios: planos, secciones y alzados. Como explica Robin Evans en su ensayo sobre dibujos proyectivos (*Projective drawings*) incluidos en *Architecture and Its Image: Four Centuries of Architectural Representation* (Blau et al., 1989), estos son más verdaderos en cuanto a formas y dimensiones que las perspectivas. Aunque el modelado digital 3D parece estar superando este estándar, la lectura de proyecciones ortogonales simples le da a uno una comprensión completa y completa de un edificio, que es particularmente útil al principio del proceso de diseño. A excepción de los bocetos a mano alzada, estas proyecciones ortogonales se dibujan a una escala precisa o, en el mundo digital, sin escala real, pero con la intención de ser impresas y leídas a una escala específica.

La escala da un sentido dimensional a los dibujos que los hace comprensibles a simple vista. Aporta, como dice Jean Zeitoun (1976), una delicadeza a la legibilidad de un plan. Por lo general, las escalas 1/16 "= 1'-0", 1/8 "= 1'-0" o 1/4"= 1'-0" (aproximadamente 1: 200, 1: 100 y 1:50 en métrico) se utilizan para representar un edificio completo, o la mayor parte de él, y los interiores se dibujan a ½ "= 1'-0" (alrededor de 1:25). Los detalles se dibujan en 1"= 1'-0", 3"= 1'-0" (cerca de 1:10 y 1: 5), y así sucesivamente, hasta 1"= 1" o 1: 1, acercándose cada vez más para mostrar los materiales y el ensamblaje en su tamaño completo y escalar. En todas estas escalas, la relación entre el cuerpo humano y el entorno construido se representa sin esfuerzo. Con dibujos ortogonales básicos, es fácil proyectarse hacia el interior de un edificio. En particular, en el sistema imperial, que todavía se usa para medir material de construcción en algunos países del antiguo Imperio Británico, las dimensiones se relacionan con las partes del cuerpo: la pulgada es aproximadamente el ancho de un pulgar y un pie, la longitud de un pie. De hecho, la gente a menudo todavía usa sus pies como toscas herramientas de medición.

Esta relación de los edificios con el cuerpo humano, el del cuerpo humano masculino blanco, para ser franco, ha sido durante mucho tiempo objeto de teorización. Por ejemplo, en su tratado *De Architectura* Vitruvio investigó el tema de la figura humana como fuente de proporción. El famoso dibujo del *Hombre de Vitruvio* de Leonardo da Vinci ofrece una interpretación de este texto antiguo y lo presenta como un microcosmos del mundo. En tiempos más recientes, Le Corbusier, criticando tanto el sistema métrico, como indiferente a la medida humana, como a la asociación francesa de normalization (AFNOR), propuso *Le Modulor* como un nuevo medio de normalización arquitectónica basado en la estatura humana y las matemáticas. Incluso más recientemente, Alessandro Bosshard, Li Tavor, Matthew van der Ploeg y Ani Vihervaara presentaron *Svizzeria 240: House Tour* en la Bienal de Venecia de 2018. La obra, que recibió el León de Oro, presenta el interior sin amueblar de espacios de vivienda ordinarios que se construyen a escalas inesperadas para desconectar el cuerpo humano de la arquitectura y sumergir a los visitantes en un país de las maravillas incómodo, al estilo de Carroll.

Referencias fundamentales de la arquitectura occidental, como *Architectural Graphic Standards (AGS)*, publicado por primera vez en (Ramsey & Sleeper, 1932), y *Bauentwurfslehre* de Ernst Neufert que siguió poco después en 1936 (titulado como *Architect's Data* en su versión en inglés), ilustran la extensión para lo cual el establecimiento de relaciones eficientes entre el entorno construido y el cuerpo humano se volvió importante a lo largo del siglo XX. Ambos libros utilizan datos antropométricos (incluido el alcance, la postura y el movimiento) para establecer estándares de diseño, respondiendo al concepto de normalidad, que todavía se utilizan ampliamente. El diseño se ha incorporado a las normas y estatutos, los cuales deben revisarse constantemente para satisfacer las crecientes demandas de inclusión. La arquitectura busca satisfacer las necesidades físicas de los humanos y, sin embargo, la mayoría de los edificios no se construyen para una sola persona específica. Desde una perspectiva totalmente diferente, la idea de la protección del cuerpo humano en un entorno controlado ha sido objeto de proyectos críticos como el *Dome Over Manhattan* de Buckminster Fuller y Shoji Sadao y el *Un-house, Transportable standard-of-living package* de François Dallégret, ambos de la década de 1960. En dos escalas muy diferentes, la proyección de la cúpula en planta tiene un diámetro de 2 millas (o 3,2 kilómetros), y el diámetro horizontal de la dúctil casa-burbuja sería de unos 6 metros de ancho. Estos proyectos toman una nueva postura en el entorno vital y proponen afirmar el control sobre el aire ambiental y acondicionarlo de manera similar a un submarino o un avión. En ambos casos, la forma construida es esencialmente un límite entre un interior protegido y un exterior potencialmente hostil. Los dos proyectos plantean una estrategia de aislamiento.

Más recientemente, dando la vuelta a la relación del cuerpo con el mundo, Georges Teyssot (2013) ha propuesto que los cyborgs, por su propia naturaleza, son (o serían) entornos:

"Es posible que la tecnología no se integre 'imaginando' un nuevo entorno, sino quizás reconfigurando el propio cuerpo, empujando hacia afuera, donde sus extremidades artificiales se encuentran con el 'mundo'. No se trata tanto de idear nuevas viviendas para cyborgs. Esas entidades semihumanas, semisintéticas y en constante mutación ya son entornos, medios, superficies donde entra en juego la relación entre el yo y el mundo. El cyborg, por lo tanto, implica una reconsideración del cuerpo, literalmente (re)elaborándolo como un organismo mejorado equipado con instrumentos, para que pueda 'habitar' el mundo y negociar transacciones con las múltiples esferas de comodidad física y mental, medios e información" (Teyssot, 2013, págs. 249-250).

Su propuesta sugiere la redefinición del interior de la vivienda "como el movimiento del cuerpo hacia el exterior, en un estado de éxtasis (ek-stasis, en el texto original) a través de los diversos filtros -umbrales, fronteras, redes inalámbricas- que delimitan nuestro entorno. Sería posible dar la vuelta a las múltiples superficies que enmarcan nuestro 'lugar de ser'. Como una botella de Klein, o un calcetín ordinario, el interior podrá convertirse, lógica y topológicamente, en un exterior. La arquitectura se transforma así en un dispositivo que participa en esta puesta en escena de un 'éxtasis'". (Teyssot, 2013, págs. 249-250)

Este interesante concepto de habitar el mundo, por seductor y reconfortante que sea, es difícil de comprender. ¿Se trata realmente de arquitectura? ¿O se trata de algo que los arquitectos podrían concebir? El cuerpo desconocido rehecho que involucra generaría nuevos marcadores, y tal vez nuevas escalas.

Mientras tanto, a una escala ajena a la arquitectura y a la mayor parte de la industria de la construcción, la invasión subrepticia del cuerpo humano por componentes de la forma construida se ha convertido en un hecho científicamente verificado. Los gases tóxicos que emanan de los materiales de construcción suelen ser inhalados por los habitantes de los edificios y los efectos de esto se han convertido en un problema de salud. Recursos como los del Healthy Building Network's Pharos Project, una base de datos de productos químicos, polímeros, metales y otras sustancias, brindan información sobre la salud y el medio ambiente en productos de construcción comunes y sobre las certificaciones y estándares utilizados para medir los impactos ambientales y de salud de los materiales de construcción.

Según su sitio web, el Proyecto Pharos "ofrece un perfil de 101.392 productos químicos y materiales con respecto a 25 peligros para la salud y el medio ambiente, incluida la carcinogenicidad, mutagenicidad, toxicidad reproductiva y alteraciones endocrinas, frente a 78 listas autorizadas de peligros emitidas por gobiernos, ONG y otros órganos de expertos [y] califica 347 certificaciones y estándares de productos y los usa en las evaluaciones de productos para la construcción" (Pharos Project, sf).

Que el entorno construido pueda afectar la salud pública no es en absoluto una idea nueva. El trabajo de la sección de higiene urbana del Museo Social (Section d'hygiène urbaine et rurale du Musée Social), creada en 1908 dentro de la institución parisina Le Playsian del Musée Social[1], ofrece un ejemplo de un grupo organizado que investiga proyectos urbanos ejemplares y planifica la transformación, la construcción y la construcción de ciudades. reconstrucción para mejorar las condiciones sanitarias.[2] La sección de higiene urbana y rural del Museo Social (Section d'hygiène urbaine et rurale du Musée Social) reunió, a lo largo de 63 años de actividad, a una amplia gama de profesionales, incluidos administradores, arquitectos, economistas, geómetras, historiadores, industriales, periodistas, abogados, arquitectos paisajistas, médicos, profesores e ingenieros.[3] La investigación de la organización se ocupó de la vivienda, los jardines de los trabajadores, los espacios abiertos y la nutrición. Sus trabajos y los esfuerzos de lobby de sus miembros tuvieron una fuerte influencia en la promoción de buenas prácticas higiénicas, así como en el surgimiento del campo pluridisciplinario del urbanismo, abordando la higiene principalmente a nivel municipal (Cormier, 1987).

La organización defendía firmemente la importancia de los espacios abiertos, el aire fresco y la luz solar, y para favorecer el flujo de aire y luz natural hacia la ciudad y sus hogares. Eugène Hénard propuso, por ejemplo, un proyecto de *Boulevard à redans* que introduciría jardines abiertos a la calle entre las fachadas de las calles parisinas, mientras que Augustín Rey, con Justin Pidoux y Charles Barde, recomendó la orientación sistemática de los edificios a lo largo de un eje norte-sur ligeramente sesgado... que hoy podría ser criticado por causar sobrecalentamiento.

---

[1] El Museo Social (Musée Social) ahora C.E.D.I.A.S (Centre d'Études, de Documentation, d'Information et d'Action Sociale) fue en su fundación el lugar donde surgieron importantes investigaciones sobre economía social como la mejora moral y material del mayor número de personas sin vulnerar el derecho a la propiedad y la libertad de trabajo. "l'amélioration morale et matérielle du sort du plus grand nombre, sans porter atteinte au droit à la propriété et à la liberté du travail" (Procès verbaux du comité de direction du Musée Social, no 1, séance du 25 juin 1894).

[2] Este trabajo comenzó con París, cuando se estaban demoliendo las fortificaciones de la ciudad, y continuó con otras ciudades como Alep, Barcelona, Damasco, Estambul, Lille, Marsella, Ottawa, Filadelfia, Esmirna y Tananarive.

[3] Entre ellos, figuras clave como Donat Alfred Agache, Jacques Marcel Auburtin, Gaston Bardet, Georges Benoit-Lévy, Louis Bonnier, Émile Cheysson, Raoul Dautry, Jean Claude Nicolas Forestier, Jacques Gréber, Eugène Hénard, Léon Jaussely, Marcel Poëte, Henri Prost, Augustin Rey, Georges Risler, Jules Siegfried, and Robert de Souza.

Aproximadamente un siglo después, la aparición de nuevos materiales y la capacidad humana para investigar la materia a muy pequeña escala ha ampliado nuestra relación física con los edificios para abarcar elementos que no son visibles a simple vista. Además, a una escala mucho más amplia, la seria conciencia del impacto multidimensional del entorno construido sobre la fragilidad de la Tierra ha dado lugar a nuevas consideraciones que afectan a la arquitectura. Estas consideraciones incluyen, además de una buena ventilación y la penetración directa del sol, factores como la eficiencia de las envolventes de edificación, la elección de los materiales (considerando su rendimiento, origen, composición, durabilidad y eventual reciclaje), elección de la estructura y un manejo más astuto del aire acondicionado ambiental. Esta expansión de la definición de sostenibilidad ha provocado un cambio bastante drástico en la arquitectura. En algunos casos, la restricción impuesta por los nuevos criterios de diseño parece haber justificado un enfoque tecnocrático sin inspiración para el diseño de edificios. Por el contrario, estas limitaciones también han llevado a arquitectos, ingenieros y clientes a realizar proyectos sofisticados.

Dos edificios de la Universidad de Columbia Británica (UBC) ilustran este punto. Se puede observar un mundo de diferencia entre el primer proyecto arquitectónico verde de UBC, Matsuzaki Wright Architects con el edificio C.K. Choi, que abrió en 1996, y el Beaty Biodiversity Center, construido en el mismo campus diez años después por Patkau Architects. El primer proyecto es un conjunto incómodo de características sostenibles que verifica una lista de criterios (como los del LEED) y, como consecuencia, adopta un enfoque miope de la sostenibilidad. El segundo proyecto posee una arquitectura que es notable en general, que parece haber integrado a la perfección la búsqueda de la sostenibilidad. El Beaty Biodiversity Center parece haber sido considerado en su conjunto por sus autores, obviamente se han acercado y alejado de la escala de los detalles de construcción, a la escala de su presencia urbana en el campus. ¿No sería, por tanto, más sostenible?

El cambio de paradigma que ha provocado la comprensión del impacto humano en el futuro de la Tierra está sucediendo junto con una transformación digital completa de la relación que los arquitectos tienen con los dibujos, y posiblemente con el diseño y la forma construida. Por ejemplo, si lo digital está facilitando mucho la capacidad de generar formas no ortogonales, también está transformando la relación con la herramienta de escala, ya que los dibujos digitales son, en esencia, sin escala. Uno puede acercar y alejar una pantalla y, a menudo, dibujar independientemente de la escala. Comprender la especificidad de varias escalas, antes una habilidad arquitectónica práctica y visual indispensable, ahora no es tan claro. ¿De esto es de lo que trataba en última instancia *Svizzeria 240: House Tour*?

Esto podría ser insignificante o no. No obstante, el hecho es que se está produciendo un cambio en la relación de la arquitectura con su representación, y no solo por la falta de escala que poseen los dibujos digitales, sino también porque ciertas herramientas de software han reemplazado el grosor de la línea (el grosor de una línea, que es bastante importante para la legibilidad de un dibujo) con la codificación de colores. Esto conduce a un grado de abstracción que transforma completamente la forma en que se lee un dibujo y, por lo tanto, la arquitectura. ¿Puede un código de colores hacer que las cualidades del espacio sean tan fácilmente legibles como el grosor de la línea? Quizás.

Además, la revolución digital ha llevado al desarrollo e implementación de herramientas de productividad como Building Information Modeling (BIM), que ahora pretende modelar proyectos en 7D. La intrusión arquitectónica en dimensiones más allá de la segunda y tercera se ha propuesto antes. *Space, Time and Architecture: The Growth of a New Tradition* de Sigfried Giedion (1941) alude a esto, incluso añadiendo un guión entre el *espacio* y el *tiempo* en la Parte VI del libro *Space-time in art, architecture, and construction*. Si se entiende el espacio en el sistema de coordenadas cartesiano, el significado del tiempo es más amplio. Se refiere al movimiento, con una fuerte referencia al cubismo y a la arquitectura contemporánea de la década de 1930, pero también a la emoción atemporal que una obra de arte (incluida la arquitectura) puede transmitir.

Las otras cuatro dimensiones de BIM, más allá del 2D (proyecciones ortogonales) y 3D (modelado de formas de construcción), son: Programación 4D, estimación 5D, sostenibilidad 6D y gestión de instalaciones 7D. Ahora, si las representaciones 2D y 3D se correlacionan con la forma de un edificio en sí – la organización espacial de su programa, sus componentes físicos, sus dimensiones y ensamblaje – las cuatro nuevas dimensiones que introduce BIM son de otra naturaleza completamente. Con la posible excepción de la sexta, estas *dimensiones* son datos referentes a las condiciones de construcción y mantenimiento de un edificio. Si bien pueden ser las dimensiones de un proceso que inevitablemente tendrá un impacto en una pieza de arquitectura, de ninguna manera deben considerarse dimensiones literales de esa arquitectura. La programación es obviamente importante, pero se refiere al período que precede a la finalización de un edificio. La estimación, nuevamente, se refiere a la capacidad de mantener un proyecto dentro del ámbito de la asequibilidad. Y la gestión de instalaciones se ocupa de la post-construcción, pero, en realidad, ¿durante cuántos años es posible anticipar las condiciones de la gestión de instalaciones?

Además, quienes introduzcan estas *nuevas dimensiones* en lo que se presenta como *modelado* deben hacerlo con precaución. Como señala James Utterback (2006), una crítica común al CAD –y yo diría que BIM termina siendo (mal) utilizado como una forma de CAD al principio del proceso de diseño en lugar de como una prueba previa a la construcción real– es que hace que el diseñador se centre en los detalles en vez de en los principios subyacentes de un proyecto, lo cual es contrario al diseño arquitectónico.

Volviendo rápidamente a la sexta dimensión de BIM, ¿puede la sostenibilidad basarse únicamente en datos sobre materiales de bajo impacto, eficiencia energética, durabilidad y renovabilidad, y vida futura de los elementos de construcción? ¿Pueden los datos o el modelado de información de edificios proporcionar la dimensión fundamental de la arquitectura de que es emoción atemporal? Hacer la pregunta es responderla. Pero, de nuevo, la emoción atemporal podría ser solo una idea romántica sobre la arquitectura.

SOBRE ESCALAS DE SOSTENIBILIDAD EN ARQUITECTURA

La palabra escala recuerda lo mensurable, lo mensurable que es cognoscible. La sostenibilidad, por otro lado, recuerda algo más comprensible como meta. El concepto conlleva una gran cantidad de elementos medibles muy diversos que interactúan e interfieren entre sí y se refieren a casi todo lo que implica la consecución del objetivo de la sostenibilidad. En otras palabras, se podría decir que las escalas de sostenibilidad son infinitas. Teniendo esto en cuenta, es posible que no tengamos ni idea en lo que respecta a la consecución genuina de la sostenibilidad. Sin embargo, es probable que esta no sea una razón para ignorar lo que parece ser una situación bastante urgente: la extinción lenta y agonizante de la vida en la Tierra, una perspectiva que, aunque puede parecer más distante que la hipotética aniquilación nuclear del planeta a mediados del siglo XX. , de hecho puede ser más real (Eken, 2017).

Es significativo que la búsqueda tanto de la sostenibilidad como de la expansión digital haya ido definiendo la realidad del siglo XXI hasta ahora. Difícilmente se puede abordar uno sin, de alguna manera, considerar al otro. Otros eventos imprevistos, como la pandemia del COVID-19, ahora están agregando una dimensión impredecible y dominante a nuestra realidad. Además de crear una crisis global, estos eventos están exacerbando la comunicación digital y eclipsando el debate sobre la sostenibilidad. Mientras tanto, exponen vívidamente los valiosos efectos de la interrupción de las actividades industriales y humanas en el medio ambiente, y plantean el que es, en última instancia, el principal objetivo de la sostenibilidad: la supervivencia y el bienestar humanos.

Esto no es nuevo. No obstante, el paradigma de la sostenibilidad ha permitido comprender mejor las condiciones de nuestra supervivencia y bienestar. Sin embargo, es esencial no excluir del conjunto de escalas de la arquitectura de sostenibilidad el objetivo fundamental: la búsqueda de una emoción atemporal, por humilde que sea la escala de construcción.

La arquitectura, que tiene como objetivo albergar y permitir la actividad humana, es clave para repensar cómo la actividad humana y el desarrollo pueden tener lugar sin los devastadores impactos ambientales. En este punto, la arquitectura y la forma en que diseñamos se convierten en una dimensión que conforma las escalas de sostenibilidad, que definen nuestra relación con el medio ambiente, nuestra sociedad y economía, para que las generaciones futuras la hereden.

REFERENCIAS

Blau, E., Kaufman, E., & Evans, R., & Centre Canadien d'Architecture. (1989). Architecture and its image : four centuries of architectural representation: works from the Collection of the Canadian centre for architecture. Centro Canadiense de Arquitectura (distribuido por MIT Press).

Boeke, K. (1957). Cosmic view the universe in 40 jumps. J. Day.

Cormier, A. (1987), Extension, limites, espaces libres: Les travaux de la Section d'hygiène urbaine et rurale du Musée Social, Diplôme d'études approfondies, Escuela de arquitectura París-Villemin.

Eames, C., & Ray, E. (1968). A rough sketch for a proposed film dealing with the powers of ten and the relative size of things in the universe. IBM.

Eames, C., & Ray, E. (1977). *Powers of Ten.* Pyramid Films.

Eken, M. (2017, March). The understandable fear of nuclear weapons doesn't match reality. *The Conversation.* https://theconversation.com/the-understandable-fear-of-nuclear-weapons-doesnt-match-reality-73563

Giedion, S. (1941). Space, -time and architecture : the growth of a new tradition. Harvard University Press.

Neufert, E. (1936). *Bauentwurfslehre.* Bauwelt Werlag.

Pharos Project. (n.d.). *Search Pharos.* Retrieved April 22, 2020, from https://pharos project.net/

Ramsey, C. G., & Sleeper, H. R. (1932). Architectural graphic standards for architects, engineers, decorators, builders and draftsmen. J. Wiley & Sons, Inc.; Chapman & Hall, Limited.

Szasz, E. (1968). *Cosmic Zoom.* National Film Board of Canada. http://www.nfb.ca/film/cosmic_zoom

Teyssot, G. (2013). A topology of everyday constellations. The MIT Press.

Utterback, J. M. (2006). *Design-inspired innovation.* World Scientific Publishing Co.

Zeitoun, J. (1976). La réduction du plan par l'effet d'échelle. In *Trames planes, Introduction à une étude architectuturale des trames* (pp. 31–39). Dunod.

CAPÍTULO 2

Mientras Cormier insinúa que la sostenibilidad en la arquitectura puede ser infinita y abarcar más que medidas, Carmela Cucuzzella propone explorar los otros modos de ser para la arquitectura sostenible, más allá de la dimensión cuantitativa. Considera la cuestión de qué significa ser una arquitectura sostenible. Toma prestada la obra de Jean-Paul Sartre sobre el existencialismo, sus tres categorías: ser-en-sí, ser-para-sí y ser-para-otros. Propone definir las categorías de ser una arquitectura sostenible como facticidad, potencialidad y percepción, respectivamente. Al abordar la arquitectura sostenible como una entidad viva, este ensayo revela cómo podría cumplir su propósito en estas tres categorías. A través de esta deconstrucción, el ensayo demuestra que la arquitectura más sostenible se reduce a su facticidad, desde un nivel discursivo. El ensayo plantea la cuestión de la posibilidad de ser una arquitectura sostenible sin cumplir las tres categorías. Al observar ejemplos de arquitectura sostenible que intentan cumplir su propósito en las tres categorías y los cuatro pilares de la sostenibilidad (ambiental, social, cultural y económico), el artículo propone una matriz que podría articular alternativamente la calidad para la arquitectura sostenible. Si bien muchos edificios tienen como objetivo comunicar el verde y, por lo tanto, se perciben como sostenibles, sin cumplir con su categoría de ser potencial (es decir, un edificio sostenible por sí mismo y que todavía no es), estos edificios podrían no cumplir con los objetivos de sostenibilidad a largo plazo. Incluso si la arquitectura sostenible está cumpliendo con las expectativas a corto plazo (lo que hoy se percibe como sostenible), los objetivos a largo plazo requieren que su potencial también sea considerado y diseñado.

Arquitectura sostenible como facticidad, percepción y potencial

Carmela Cucuzzella

Universidad de Concordia, Canadá

INTRODUCCIÓN

La crítica arquitectónica siempre ha sido una ardua tarea. Hoy, sin embargo, en la era de la arquitectura sostenible y debido a las presiones dominantes de la validación del desempeño ambiental, se ha vuelto casi imposible. El enfoque fáctico de la evaluación de la arquitectura sostenible facilita la comprensión de cuán beneficiosas para el medio ambiente pueden ser las prácticas ecológicas, pero también tiende a dejar las preocupaciones centrales y complejas del significado incorporado del proyecto a la periferia del debate sobre su calidad. Si la crítica de la arquitectura sostenible permanece dentro de los límites de lo que se puede medir, entonces solo se podrá evaluar una pequeña porción de las cualidades arquitectónicas engendradas por el concepto.

Pensar en la arquitectura sostenible desde la perspectiva de la ecoeficiencia cuantificable está inherentemente impulsado por una necesidad de soluciones urgentes, una en la que la ecoeficiencia es la estrategia más prometedora (Khasreen, Banfill y Menzies, 2009). Cuando la ecoeficiencia es la motivación principal detrás del diseño de la arquitectura sostenible, entonces la arquitectura sostenible permanece dentro del ámbito de su facticidad, quizás a expensas de otras cualidades arquitectónicas más experienciales, anticipativas o perceptivas (Cucuzzella, 2015). Exploro una posición ontológica específica que comprende tres formas de ver la arquitectura sostenible inspirada en el trabajo fundamental de Jean-Paul Sartre sobre el existencialismo: facticidad (en sí mismo), potencial (por sí mismo) y percibido (para otros). Estas tres categorías se consideran en su capacidad de generar sostenibilidad de manera diferente, cada una con sus medios específicos, e incluso escalas, de concepción. Si consideramos la arquitectura como un artefacto vivo, con un nacimiento (sus intenciones de diseño y construcción), existencia (fase de ocupación), posible cambio de vida (cambios en el programa o abandono) y eventual final de su vida (demolición), entonces podemos preguntar ¿Qué se entiende por *ser* una arquitectura sostenible? En otras palabras, ¿qué define una arquitectura sostenible desde un punto de vista existencial?

La sostenibilidad en arquitectura puede abarcar escalas espaciales, así como escalas temporales, culturales y sociales. Este capítulo se centrará en otra noción de escalas en la arquitectura sostenible: la ontología del concepto. La ontología aquí es principalmente de naturaleza descriptiva y clasificatoria. Reflexiono sobre cómo las tres categorías existenciales de Sartre pueden dilucidar la escala ontológica de la arquitectura sostenible.

¿QUÉ SIGNIFICA "SER" ARQUITECTURA SOSTENIBLE?

En el *Ser y la Nada*, un libro con el subtítulo *Una ontología fenomenológica*, Jean-Paul Sartre describe y analiza dos tipos de ser: en sí y para sí, cada uno con características mutuamente excluyentes (Sartre, 1993). Más adelante en el libro, Sartre agrega una tercera ontología, para otros, debido a nuestra conciencia del "otro" como sujeto (Sartre, 1993). Si consideramos que la fenomenología se basa en la premisa de que la realidad consiste en objetos y eventos tal como son percibidos (Smith, 2008), entonces ¿podemos decir que una ontología fenomenológica es una explicación descriptiva del ser, no solo desde adentro, sino también desde fuera? Por tanto, el otro es un componente importante del existencialismo.

La primera categoría, el ser en sí mismo, representa hechos objetivos. Esto es pasivo e inerte. En la segunda categoría, el ser por sí mismo, Sartre afirma que la existencia es aquello que no es. Es fluido y dinámico (Flynn, 2013). Podemos considerar esto como potencialidad. Por lo tanto, ser en sí mismo es facticidad, mientras que ser para sí es trascendencia, una dicotomía de "lo que es" y "lo que puede llegar a ser". Incluso si estos dos conceptos son mutuamente excluyentes, están íntimamente relacionados, al igual que el pasado y el futuro (Sartre, 1993). La facticidad de una entidad influye directamente en sus posibilidades o su trascendencia. El agente está esencialmente limitado por la naturaleza inadecuada de su facticidad.

Sin embargo, el ser no termina en facticidad y potencial. La presencia de otros descentraliza y rompe esta dicotomía. Según Sartre, "La aparición del Otro en el mundo corresponde por tanto a un deslizamiento fijo de todo el universo, a una descentralización que estoy efectuando simultáneamente" (Sartre, 1993, p.255). No es solo cuando los demás miran, sino la conciencia de que el otro existe, lo que permitirá una conciencia de sí mismo, experimentado como un objeto para los demás. Esta tercera categoría ontológica es la que se percibe. Estas categorías ontológicas, derivadas de la filosofía existencial de Jean-Paul Sartre, se defienden para revelar lo que significa ser una pieza de arquitectura sostenible: como facticidad, como percibida y como potencial. Quizás dos preguntas que pueden orientar este estudio de manera algo más pragmática son estas: ¿De qué manera se manifiestan las tres posturas ontológicas de la arquitectura sostenible en la forma construida? ¿Y cómo puede la comprensión de estas posiciones variables promover los debates sobre lo que comprende la arquitectura sostenible?

Reflexionemos brevemente sobre otras categorizaciones de la arquitectura sostenible para diferenciarlas de mi propuesta sarteriana. Por ejemplo, Simon Guy y Graham Farmer, en su artículo *Construcciones cuestionadas: lógica competitiva de los edificios verdes y la ética* (*Contested constructions: competing logics of green buildings and ethics*), han identificado seis lógicas de arquitectura sostenible: ecológica, inteligente, estética, simbólica, de confort y comunitaria, que no son mutuamente excluyentes (Guy y Farmer, 2000). Cada una de estas lógicas se caracteriza por un conjunto de criterios: imagen del edificio, riesgo, estrategia de diseño, retórica, escala, espacio, movilidad, tecnología, etc. Por ejemplo, en una perspectiva inteligente (smart), el elemento que está en riesgo es la supervivencia del mercado, la estrategia de diseño es reducir la energía, la tecnología es hi-tech e inteligente, etc. En una lógica simbólica, el elemento en riesgo es la vida cultural, la estrategia de diseño es contextual, la tecnología es low-tech y local, etc. Las categorías de Guy y Farmer representan un conjunto de muchos otros disponibles para delinear diferentes "problemas que dominan la percepción de un dilema ambiental" (Hajer, 1995, pp.19-20).

De hecho, si comparamos las seis lógicas en competencia identificadas por Guy y Farmer (2000) con las de Thomas Fisher (2008), los dos conjuntos son bastante diferentes desde una perspectiva ontológica y, sin embargo, ambos se basan por igual en objetivos directos relacionados con cuestiones de insostenibilidad. En *Architectural Design and Ethics*, Fisher (2008) propone 14 principios para ayudar a la comunidad del diseño a abordar cuestiones relacionadas con el desarrollo sostenible y a divergir del modelo de "eficiencia". Los principios de Fisher son algo similares a los 10 identificados por One Planet Living[1], que van desde lo preventivo (es decir, hacer que un edificio sea más eficiente energéticamente al esforzarse por lograr cero emisiones de carbono) hasta lo más exploratorio y prospectivo (es decir, alentar vidas activas, sociables y significativas). Los Principios de Hannover, tal como los define William McDonough Architects, se basan en la idea de que los seres humanos y la naturaleza deben coexistir (William McDonough Architects, 1992). Los cinco principios del diseño ecológico

---

[1] El conjunto de estos principios se definen en la URL=http://www.oneplanetliving.org

de Sim Van Der Ryn y Stuart Cowan (2007) se centran en el pilar ambiental al adoptar una visión de diseño contextual, pasivo e integrado que comprende elementos didácticos para el aprendizaje. Y estos son solo algunos ejemplos desarrollados en las últimas tres décadas. Una lente sarteriana, por otro lado, es completamente diferente. Va más allá de los objetivos de contenido de la sostenibilidad y entra en una perspectiva que abarca la existencia y la esencia de un proyecto, algo que puede haberse perdido en la carrera hacia los objetivos de ecoeficiencia en el diseño de edificios sostenibles.

La investigación de Sartre sobre el núcleo de la existencia humana, a través de las categorías de en sí, para sí y para otros, puede redirigirse para cuestionar *qué significa ser* arquitectura sostenible. Si consideramos que la elección es posible a través de una serie de investigaciones, profundicemos un poco más en la analogía entre la elección humana para crear significado en la vida y la investigación del diseño para crear significado en la arquitectura sostenible. Si consideramos las tres categorías existenciales de Sartre como un medio para desarrollar diferentes formas de investigación del diseño hacia una arquitectura sostenible, esto puede ayudar a estructurar cómo la arquitectura define su propio significado. Por ejemplo, si exploramos los métodos de evaluación y juicio del diseño para la arquitectura sostenible, rápidamente nos damos cuenta de que estas tres categorías proporcionan opciones de diseño y resultados claramente diferentes. Específicamente, la dimensión de facticidad se centraría en la evidencia de la ecoeficiencia del edificio. La dimensión potencial se centraría en *narrativas anticipatorias* que brinden formas significativas de avanzar con respecto a la sostenibilidad. La dimensión de percepción se centraría en la *legibilidad* de las opciones eco-constructivas aparentes para los demás. La Tabla 2.1 analiza más de cerca la facticidad, el potencial y la percepción de Sartre y sugiere una ontología de lo que cada categoría significa para el diseño arquitectónico sostenible.

Una lente sarteriana proporciona un medio para reflejar más allá de los objetivos técnicamente cuantificables de la sostenibilidad de un proyecto determinado (su facticidad) y para adoptar una perspectiva que incluya la existencia y la esencia de ese proyecto. Las categorías existenciales de facticidad, potencial y percepción de Sartre, traducidas en un conjunto de escalas ontológicas, pueden contribuir a esclarecer la *razón de ser* de un proyecto como arquitectura sostenible en su conjunto, más que a través de sus eco-características únicamente. Las siguientes secciones demuestran esto a través de una serie de ejemplos.

Tabla 2.1 Distinción general entre facticidad, potencialidad y percepción como medios para la investigación del diseño arquitectónico sostenible

	Facticidad como Consulta de Diseño	Potencialidad como Consulta de Diseño	Percepción como Consulta de Diseño
Evaluación de diseño basada en	Optimización: evidencia de la eficiencia del rendimiento ecológico	Exploración: generar narrativas anticipatorias con amplias ideas de sostenibilidad	Legibilidad: garantizar opciones eco-constructivas
Construcción de conocimiento	Objetivamente	Imaginativamente	Normativamente
Tipos de incertidumbre	Técnico y metodológico (indisponibilidad de datos, deficiencias del método)	Epistemológico (indeterminado)	Perceptibilidad (ilegibilidad / ambivalencia de características ecológicas)
Tipo de consecuencias consideradas	Predecible, medible	Prospectivo, anticipativo	Claridad de los mensajes ecológicos transmitidos
Elementos de preocupación (riesgos)	Preservación de recursos / planeta, equidad socioeconómica y análisis de costo-beneficio (objetivo y medible)	Integridad ecológica, cohesión social, identidad / memoria del lugar, vida cultural / comunitaria (ética y estética)	Entrega de mensajes ecológicos y decisiones responsables tomadas (visibles y no visibles)
Perspectiva temporal	Pensamiento a corto plazo	Pensamiento a largo plazo	Pensamiento a corto plazo
Perspectiva espacial	Funcional y flexible	Orgánico, fluido, específico de contexto, táctil, sensorial, experiencial	Demostrativo y legible
Tipo de innovación	Innovación técnica (rendimiento / eficiencia)	Innovación multifacética (ético / estético)	Innovación en comunicación de características de diseño ecológico
Estrategia de diseño	Reducción y optimización: energía, huella, injusticia social, recursos	Narrativa y simbólica: contextual, identitaria, comunitaria, revitalización cultural, regeneración ambiental	Expresivo y legible: demuestre la ecoeficiencia, revele el desempeño ecológico a través de elecciones constructivas
Metodología para la investigación de diseño	Pensamiento sistemático (LCA, SLCA, EIA, SIA, LEED, Huella Ecológica)	Prospectivo, anticipativo (enfoques exploratorios, experiencial, estético)	Diseño comunicativo para exponer resultados cualitativos y cuantitativos de eco-características

Notas: © Cucuzzella, 2019

Arquitectura sostenible como facticidad (en sí misma)

La facticidad constituye *lo dado* de una situación. ¿Por qué la facticidad es tan importante en el diseño sostenible? Si consideramos la facticidad de un proyecto como el conjunto dado de hechos que describen con precisión sus atributos, entonces su facticidad puede usarse para probar los beneficios que brinda a su entorno. Sostengo que la arquitectura sostenible como *facticidad* se refiere a una arquitectura cuyas características constructivas ecoeficientes y socio-beneficiosas son objetivamente mensurables. La facticidad se refiere a la arquitectura sostenible *en sí misma*, como un objeto de rendimiento medible. Esto puede referirse a las medidas de desempeño de los materiales del edificio y las opciones de producción, cómo está diseñado, métricas relacionadas con su estructura, sistema de agua y eficiencias energéticas, aire y luz, entre otros hechos físicos de la forma construida. Estas consideraciones son de obvia necesidad, pero resultan limitadas como criterio universal para evaluar la arquitectura sostenible. Además, ¿qué se puede decir sobre la certeza que se atribuye a la facticidad de la arquitectura sostenible? John Dewey, en *La Busca de la Certeza: un Estudio de la Relación entre el Conocimiento y la Acción (The Quest for Certainty, a Study of the Relation of Knowledge and Action)*, publicado por primera vez en 1930 vio esta búsqueda de certeza en los hechos y el conocimiento como un medio hacia la libertad:

> "Los hombres se convencen fácilmente de que se dedican a la certeza intelectual por sí misma. En realidad, lo quieren por su relación con la protección de lo que desean y estiman. La necesidad de protección y prosperidad en la acción creó la necesidad de garantizar la validez de las creencias intelectuales" (Dewey, 1990, pp. 40-41).

Dewey sugiere que la certeza que los humanos han atribuido a los resultados cuantificados es una forma de poder justificar sus propios deseos. De esta manera, la facticidad de un proyecto arquitectónico sostenible 'salvaguarda' sus imperativos ambientales, así como los esfuerzos realizados para incluir, por ejemplo, las mejores prácticas ecológicas, todo en el esfuerzo por reducir los riesgos ambientales. En el proceso, las eco-tecnologías y la facilidad con la que se pueden extraer las mediciones para garantizar sus promesas de desempeño, han llegado a dominar la profesión de la arquitectura sostenible (Boecker et al., 2009; Farmer, 1996; Tabb & Senem Deviren, 2014; Wines, 2000). Aproximadamente 30 años después de la publicación de Dewey sobre *La Búsqueda de la Certeza*, Jacques Ellul escribió un libro completo sobre la sociedad tecnológica, y específicamente cómo la tecnología ha llegado a impulsar la intención individual. Él explica que:

> "(...) el individuo participa solo en la medida en que se subordina a la búsqueda de la eficiencia, en la medida en que resiste todas las corrientes hoy consideradas secundarias, como la estética, la ética, la fantasía. En la medida en que el individuo representa esta tendencia abstracta, se le permite participar en la creación técnica, cada vez más independiente de él y cada vez más vinculada a su propia ley matemática" (Ellul, 1964, p.74).

Sin embargo, existe una paradoja circular de la evaluación de riesgos. Se supone que la comprensión moderna de las consecuencias de las tecnologías nos ayudará a evaluar mejor la aparición de riesgos ambientales. De hecho, Anthony Giddens (2004) ha afirmado que se suponía que la comprensión moderna del riesgo ayudaría a los humanos a controlar y normalizar su futuro. Sin embargo, según Giddens (2004) y Beck (2004), las cosas no han sido así, y nuestros intentos de controlar el futuro han llevado de hecho a la comprensión de que los seres humanos necesitan diferentes métodos para hacer frente al riesgo.

Si la facticidad pura se refiere a la positividad total, es información fragmentada e incompleta en su capacidad para permitir la comprensión de una entidad completa y compleja. Como objeto representado por su desempeño medible, la arquitectura sostenible *en sí misma*, se enfoca en el 'qué es'. Se presta poca atención a 'lo que puede ser' como una arquitectura con potencialidad. Se pueden encontrar muchos ejemplos de todo el mundo cuya facticidad es la base de una esencia de arquitectura sostenible.

El primer ejemplo, la Bibliothèque du Boisé (Biblioteca de los Bosques) en el municipio de Saint-Laurent en Montreal se completó en 2013. Es una biblioteca con certificación LEED-platinum (Figura 2.1). El edificio es el resultado de un concurso de arquitectura en el que en la presentación de los diseñadores se incorporó un alto grado de facticidad. Una cita de la presentación del concurso explica las características sostenibles de la biblioteca:

"Luego se ponen en marcha varias estrategias, que están presentes a lo largo del proceso de descubrimiento, apropiación y progresión, desde el paisaje hasta el libro. A escala del sitio, el fortalecimiento del medio vegetal, los reservorios de retención de agua expresados y resaltados, el estacionamiento responsable y las instalaciones relacionadas configuran las premisas básicas. La propia materialidad del edificio contribuye en gran medida a la comprensión de un edificio excepcional, pero es principalmente a través de sus sistemas mecánicos que innovará. El establecimiento de un sistema para la recuperación de agua de lluvia y su servicio al entorno botánico, un sistema geotérmico conectado a un circuito de intercambio de calor, diversas medidas de ahorro de energía, etc... Pero principalmente, la introducción de un sistema de calefacción pasiva, que utiliza el calor acumulado dentro del prisma de vidrio y redistribuido dentro del circuito geotérmico." (Cardinal Hardy et al., 2009, p.3-4[2])

---

[2] Traducido por el autor.

Figura 2.1 Bibliothèque du Boisé. St. Laurent, Montreal, Canadá - 2014

Notas:

- (izquierda) escaleras exteriores de la entrada principal; (derecha) claraboya central interior reflectante blanca
- por Labonté Marcil, Cardinal Hardy, Eric Pelletier arquitectes
- Fotos © Cucuzzella

Los diseñadores de la Bibliothèque du Boisé confiaron en gran medida en los sistemas tecnológicos para adaptarse a las características sostenibles del edificio, ofreciendo así evidencia de que su visión de la sostenibilidad se basaba en la facticidad. Se centraron en la fusión de tecnologías ecológicas de mejores prácticas en lugar de crear una visión general o un significado a través de/de/ para la sostenibilidad. El escenario del proyecto, situado a lo largo de una carretera de gran extensión en la parte norte de la ciudad, era propicio para nuevas ideas. El emplazamiento de la biblioteca es una carretera árida, de difícil acceso y poco acogedor en su contexto urbano. A su poco acogedor emplazamiento se suma un edificio que es monumental e incluye una gran cantidad de las más prácticas tecnologías. Tampoco es innovador, especialmente para este contexto. El vínculo entre la ética (el imperativo de brindar un mejor lugar para vivir a la sociedad) y la poética (el deseo del arquitecto de un lugar elocuente para vivir) es lo que es la verdadera arquitectura según Alberto Pérez-Gómez (2006). La Bibliothèque logró confirmar su *arquitectura sostenible* a través de su facticidad, pero ¿a qué costo?

Un segundo ejemplo ilustra cómo la arquitectura sostenible puede ir más allá de la facticidad, aunque es *percibida* (para otros) como sostenible y tiene *potencial* (por sí mismo) más allá de lo que es medible (en sí mismo). El Centro de Tecnologías de Energía Sostenible del campus de la Universidad de Nottingham (Centre for Sustainable Energy Technologies of the University of Nottingham) en Ningbo se construyó en 2008 (Figura 2.2). Se describe comúnmente a través de su amplia gama de las mejores tecnologías de prácticas ambientales para ayudar a reducir el uso de energía, aumentar la luz natural diurna y proporcionar ventilación natural, además de muchas otras características ambientales con beneficios ecológicos medibles muy precisos. A pesar de que fue el primer edificio en China con cero emisiones de carbono que fue diseñado específicamente para mostrar sus tecnologías ambientales y de construcción sostenible, el espectacular carácter escultórico del edificio, que representa una linterna china, alude a referencias culturales locales, lo que le da un espíritu distintivo. El arquitecto principal del edificio, Mario Cucinella, cree que las piezas de arquitectura sostenible pueden tener propósitos multifacéticos. En un libro titulado, *Behind the Green Door* (Tras la Puerta Verde), cita:

> "Cada edificio puede tener un impacto positivo en la regeneración del entorno circundante. Los edificios ecológicos con un diseño que reflejan la cultura localn y la capacidad de satisfacer la demanda de recursos con energías renovablesn pueden reducir las desigualdades en el acceso a los servicios esenciales y crear un nuevo espacio para la interacción socioeconómica. Esto significa que es posible extender nuestra responsabilidad a un área ilimitada" Mario Cucinella en (Rotor, 2014, p. 69).

Figura 2.2 Centro de Tecnologías de Energía Sostenible. Ningbo, China - 2008

Notas:
- (izquierda) vista lateral exterior; (derecha) vista nocturna
- por Mario Cucinella Architects

La forma del Centro de Tecnologías de Energía Sostenible hace referencia a una linterna china. ¿Puede esta representación cultural clave de la cultura china ser considerada socialmente sostenible en su objetivo de evocar el simbolismo chino? Dado que la linterna simboliza la vida en auge de la comunidad y los negocios prósperos para los chinos, la interacción que tiene un edificio de este tipo con su sitio y la gente ofrece grandes posibilidades, tanto reales como imaginarias. De esta forma, es la arquitectura sostenible como *potencial.*

"(...) la fachada de vidrio rayada se inspiró en linternas y ventiladores chinos tradicionales. Sin embargo, el propósito principal del diseño era mostrar tecnologías para el control del clima energéticamente eficiente." Mario Cucinella en Archello.com. [3]

Además, la gran cantidad de características ecológicas visibles del Centro proporciona la percepción de sostenibilidad ambiental. Esta característica demuestra la arquitectura sostenible como *percibida.* A diferencia de la Biblioteca Boisé, que no logró proporcionar una arquitectura más allá de su facticidad, este edificio de Mario Cucinella representa una arquitectura sostenible mucho más allá de su facticidad.

Arquitectura sostenible como potencial (para sí misma)

La arquitectura sostenible como *potencial* se refiere a aquello en lo que el edificio pretende convertirse –no solo cómo es en *sí mismo*, como un conjunto de hechos (facticidad), no solo cómo se ve e identifica *para otros* (percepción), sino también, en qué tiene la posibilidad de convertirse, *por sí mismo.* Se refiere a la trascendencia de un edificio, su capacidad para estar a la altura de las intenciones de un diseñador, su conjunto de experiencias deseadas (sensoriales o de otro tipo) y sus múltiples funciones diseñadas. Una pieza de arquitectura, considerada en términos de su *potencial*, comienza a evolucionar desde una estructura recién construida a una entidad en continuo cambio, de su diseño originalmente previsto a una experiencia completamente diferente.

Algunos ejemplos de este tipo de arquitectura podrían incluir espacios exteriores que colapsan para convertirse en espacios interiores, una estructura que crece orgánicamente con el tiempo para dar cabida a diferentes programas o una envolvente de edificio que se convierte en un dispositivo de transmisión. La arquitectura como potencial "va más allá" de la simple facticidad, pero incluye propiedades cuantificables (hechos sobre el edificio) y emerge a la luz de su *posibilidad.* Esta posibilidad no es una función de fuerzas ad hoc, sino más bien una de las intenciones de la

---

[3] Recuperado el 24 de abril de 2020 de https://archello.com/project/centre-for-sustainable-energy-technologies#story-1.

arquitectura, que es conocida por su contexto y situación específicos. La potencialidad de una pieza de arquitectura puede entenderse como una semilla incrustada en su facticidad que tiene como objetivo producir resultados específicos. Por lo tanto, una pieza de arquitectura sostenible está co-constituida por lo que es (su facticidad) y lo que se pretende lograr (su potencial), ambos integrados en su existencia.

Hay muchos ejemplos de arquitectura sostenible que no pueden percibirse como sostenibles simplemente porque sus características ecológicas no se exhiben. Si un edificio no puede *percibirse* como sostenible, eso no implica que no sea sostenible. Por ejemplo, la Médiathèque François Villon, construida en 2014 en Bourg-la-Reine, Francia, y diseñada por Pascale Guédot es un proyecto con una pequeña huella ecológica y una delicada expresión arquitectónica (Figura 2.3). Incorpora una selección de tecnologías restringida pero eficaz para mejorar la eficiencia energética y conservar el agua. Por ejemplo, está equipado con un sistema de recolección de agua de lluvia, aislamiento térmico reforzado y una bomba de calor geotérmica para calefacción y refrigeración. El edificio tiene la certificación HQE (Alta Calidad Ambiental, Haute Qualité Environnementale por sus siglas en francés). Por la fachada acristalada entra abundante luz natural y un gran lucernario permite la difusión de la luz sin sobrecalentar la biblioteca.

Figura 2.3 Médiathèque François Villon. Bourg-la-Reine, Francia - 2014

Notas:
- (izquierda) árbol rescatado, (derecha) vista desde el interior y su conexión con el exterior
- por Pascale Guédot

La forma en que esta arquitectura expresa su conciencia ambiental contrasta fuertemente con otros proyectos eco-tecnológicos. El proyecto no hace alarde de ninguna eco-tecnología visible, incluso si esta es efectiva y ambientalmente sostenible. Esto representa la fuerza del edificio y funciona como un excelente ejemplo de cómo no es necesario que la corrección ecológica esté "acompañada de una expresión agria puritana, como si algo tuviera que saber amargo para hacernos bien" (Sauerbruch & Hutton, 2011, p.48). Las características visuales, espaciales y constructivas de los edificios sostenibles cuentan una historia y se vuelven clave para la introducción exitosa de esos edificios en las comunidades. El potencial de una arquitectura no solo está estrechamente relacionado con su facticidad, sino también con su percepción.

El Museo de Historia de Ningbo en Zhejiang, China, construido en 2008, es una pieza de arquitectura sostenible que se distingue del canon de los edificios ecológicos de alta tecnología (Figura 2.4). Su diseño no es un ejercicio de eco-optimización, como en la categoría de arquitectura sostenible como facticidad, ni es una arquitectura de eco-mensajes que comprenda eco-tecnologías visibles, como en la categoría de arquitectura sostenible como percepción. Más bien, es un diseño que critica el lugar del museo en sí. Wang Shu, de *Amateur Architecture*, ganador del premio Pritzker Prize en 2012, y diseñador del proyecto, ha explicado su proceso:

"Cuando diseñé esto, estaba pensando en montañas. No pude diseñar algo para la ciudad, porque todavía no hay ciudad aquí, así que quería hacer algo que tuviera vida. Finalmente, decidí diseñar una montaña. Es parte de la tradición china" (Wang Shu, 2012)[4].

Figura 2.4 Museo de Historia de Ningbo. Ningbo, Zhejiang, China - 2008

Notas:
* (izquierda) vista de la calle, (derecha) la fachada
* de Amateur Architecture Studio

La característica más llamativa del museo es su fachada (Figure 2.4, imagen de la derecha), que comprende una variedad de ladrillos, piedras y tejas de color tierra, todos tomados de las ruinas de pueblos demolidos en el área. El

[4] Wang Shu en el artículo de Brendan McGetrick's, *Ningbo History Museum, Domus*, 3 de marzo de 2012, https://www.domusweb.it/en/from-the-archive/2012/03/03/ningbo -history-museum.html.

museo de Wang Shu tiene como objetivo animar a los visitantes a reflexionar sobre los cambios que se están produciendo en la zona. Primero, permite a los visitantes pensar en la demolición masiva que ha tenido lugar. En segundo lugar, el diseño ayuda a reflexionar sobre las promesas que trae el desarrollo futuro al tiempo que mantiene viva la memoria de las aldeas originales. De esta manera, el Museo de Ningbo es arquitectura sostenible como *potencial*. Le da una segunda vida a los considerables escombros que dejó el rápido nuevo desarrollo de la zona, haciendo resurgir los recuerdos de una época pasada. El edificio en sí representa la vida para Wang Shu, con el simbolismo de la montaña que representa una semilla para una vida renovada. Su potencial también se revela como un museo destinado a inspirar a los arquitectos a pensar en la sostenibilidad de formas muy divergentes, plantando semillas en sus mentes y yendo mucho más allá de la arquitectura sostenible como facticidad. Por lo tanto, la arquitectura tiene el potencial tanto de hacer que sus espectadores piensen en su pasado destructivo como de brindar esperanza para la prosperidad urbana futura. Este es un ejemplo de arquitectura sostenible por sí misma: una arquitectura con una potencialidad consciente.

El Museo Marítimo Nacional Danés SOF en Helsingør (SOF Danish National Maritime Museum), construido en 2013 y diseñado por BIG, es un ejemplo que puede ayudar a explicar el *potencial* de una ruina industrial — de un muelle de embarque abandonado, más específicamente (Figura 2.5). El museo está ubicado frente al castillo de Kronborg, pero su ubicación es muy discreta. Reutilizando el dique seco abandonado con forma de barco mencionado anteriormente, este está construido completamente bajo tierra y rodeado por una estructura de hormigón. Esto tiene la intención de mantener despejadas las vistas del castillo y garantizar que sus murallas históricas permanezcan intactas. Bjarke Ingels explica el desarrollo del proyecto:

> "Dejando intactas las paredes del muelle de 60 años, las galerías se colocan bajo tierra y se disponen en un bucle continuo alrededor de las paredes del dique seco – haciendo del muelle la pieza central de la exposición – un espacio abierto al aire libre donde los visitantes experimentan la escala de la construcción naval" (BIG-Bjarke Ingels Group, 2017) [5].

---

[5] BIG-Bjarke Ingels Group, Inexhibit (blog), 25 de noviembre de 2017, https://www.inexhibit.com/case-studies/danishnational-maritime-museum/.

Figura 2.5 SOF - Museo Marítimo Nacional de Dinamarca. Helsingør, Dinamarca - 2013

Notas:
- (izquierda) vista nocturna, (derecha) vista del puente
- de Bjarke Ingels Group: BIG

El muelle vacío, que se encuentra en el centro del museo, se ha convertido en un patio público donde los visitantes pueden experimentar la escala de la construcción de barcos. El museo, por tanto, es un *edificio sostenible por sí mismo* ya que pretende preservar su esencia histórica en su nueva vida, con capacidad para preservar el imaginario de su pasado. El muelle proporciona la base del museo, mientras que el museo se convierte en una ruina habitada que conserva la historia de la construcción naval del muelle. Hacer del significado histórico del sitio el centro de la narrativa del diseño del museo es un medio consciente de mantener la memoria de un lugar para construir su futuro. La necesidad de los diseñadores de estructurar su edificio de esta manera es potencialidad. Es ser por si mismo. No es aleatorio ni neutral. Es consciente (consciencia).

Arquitectura Sostenible como Percepción (para otros)

Si consideramos la tercera categoría de *ser* arquitectura sostenible como aquello que se puede *percibir*, entonces lo que interesa son las aparentes características sostenibles. La arquitectura sostenible tal como se percibe se refiere a lo que se ve, se percibe, se expresa o incluso se experimenta. Adoptando los términos de Sartre, es arquitectura 'para otros'. Por ejemplo, abundante luz natural, abundante vegetación en las paredes, paneles solares en las envolventes de los edificios, entre otras cualidades reconocibles, todas pueden clasificarse como características que permiten la percepción de sostenibilidad. Incluir tales cualidades reconocibles en un edificio permite a los usuarios o incluso al público percibir el edificio como uno que es respetuoso con su entorno.

La percepción de sostenibilidad, en algunos contextos, puede ser tan importante como la facticidad de una arquitectura. El cambio climático y las promesas de mitigación o prevención se han convertido en oportunidades de marketing importantes en la actualidad (Hansen & Manchin, 2009). Permiten a los propietarios de un edificio visiblemente sostenible, público o privado, comunicar que son administradores del planeta. Sin embargo, los términos *greenwashing* (lavado verde) o *green-sheen* (brillo verde), que han surgido en las últimas décadas, se refieren a las formas engañosas en que la agenda verde pueden convertirse en un producto o en la narrativa de un edificio. Este es el caso cuando la percepción de sostenibilidad no se traduce en una arquitectura sostenible real. En otras palabras, si la percepción de la arquitectura sostenible no coincide con su facticidad, puede dar lugar a afirmaciones engañosas.

La arquitectura sostenible, *como percibida*, es vital cuando pretende distinguirse de otras arquitecturas que no son o no parecen ser sostenibles. Las características ecológicas visibles incluidas en un edificio son semánticamente significativas. Ello proporciona un significado a propósito. Este simbolismo puede o no ser parte de una historia general. La denotación de características sostenibles, sin embargo, puede llevar a la connotación de gestión y responsabilidad, así como a un edificio más saludable, entre otras cualidades moralmente positivas. De hecho, las características físicas de apariencia sostenible pueden conducir a capas y capas de significados e incluso a mitos que han llegado a ser ampliamente aceptados (Barthes, 1972, 1977). Por ejemplo (Barthes, 1972, 1977), la percepción del techo verde y cómo este ha sido aceptado como una característica de diseño responsable, es un excelente ejemplo de un mito contemporáneo. Se percibe como un imperativo ambiental porque se entiende que brinda mayor aislamiento, espacios verdes, diversidad de especies de plantas y aire fresco, entre otros símbolos del ambientalismo. Sin embargo, en los países nórdicos se presta poca atención a la forma en que los techos verdes deficientes proporcionan tales beneficios. El poder del mito del techo verde es clave para que la percepción de una arquitectura sostenible se mantenga como verdadera. ¿Está el techo verde tan incorporado en la cultura popular y tan mitificado como una solución ambiental universal que se esconde en sus propias mistificaciones? En su libro seminal *Mitologías*, Roland Barthes escribe lo siguiente:

> "La desvelación que lleva a cabo [el mito] es, por tanto, un acto político: fundada en una idea responsable del lenguaje, la mitología postula así la libertad de este último. Es cierto que en este sentido la mitología *armoniza* [énfasis agregado] con el mundo, no como es, sino como quiere crearse." (Barthes, 1972, p. 156).[6]

---

[6] Highlight Roland Barthes

En el caso anterior, la connotación de un techo verde se asocia con el mito de la gestión, solo hasta que se desacredite el mito. ¿La mitificación de las características ecológicas visibles ha llegado a ser más significativa culturalmente que el desempeño medible de esas características? La Ballard Library de Seattle, construida en 2005, actúa como un escaparate deliberado de características ambientales (Figure 2.6). El equipo hizo todo lo posible para que el techo verde fuera visible, no solo desde arriba, sino también desde abajo. Una pequeña habitación con ventanas sobresale del techo para brindar a los visitantes una vista panorámica del techo verde, donde se construyó un periscopio en una de las paredes para permitir la visualización desde el vestíbulo. Una hilera de paneles fotovoltaicos en el techo también sirve como herramienta educativa, aunque no proporciona energía para el funcionamiento del edificio. Los usuarios de la biblioteca no tienen acceso al techo. Ellos solo pueden observarlo. Los mensajes transmitidos por las características ecológicas de la biblioteca expresan la protección del medio ambiente y se han convertido en mitos ampliamente aceptados de su tiempo. Son claros porque el simbolismo incrustado en las características ecológicas ha llegado a ser ampliamente aceptado (Umberto, 1997).

Lo que es importante destacar es que los mensajes entregados a través de las características ecológicas se leerán y entenderán de manera muy diferente en 5 o 10 años. Estos símbolos representan un idioma con fecha de caducidad. Barthes (1972) ha dicho que "el lenguaje nunca es inocente". Para Barthes, "el consumidor de mitos toma la significación de un sistema de hechos; El mito se lee como un sistema fáctico, mientras que no es más que un sistema semiológico." (Barthes, 1972, p. 131).

Figura 2.6 Biblioteca Ballard. Seattle, Washington - 2013

Notas:
- (izquierda) vista lateral, (derecha) tejado verde
- de Bohlin Cywinski Jackson

Sabemos que esta práctica de la arquitectura sostenible como percepción puede ser engañosa, pero ¿puede ser productiva alguna vez? En *Taking Shape* (Tomando

Forma), Susannah Hagan sostiene que la estética podría contribuir a la arquitectura ambiental, ya que hacer visible hace surgir lo reprimido, perdido o emergente (Hagan, 2001). Afirma que la visibilidad acelera el surgimiento y la conciencia de las preocupaciones ambientales. Sang Lee, en su libro editado titulado *Aesthetics of Sustainable Architecture* (Estética de la Arquitectura Sostenible), mantiene que "La estética de la arquitectura se refiere a las expresiones en la forma construida que se relacionan estrechamente con la forma en que la forma no solo se concibe, sino que también se produce en relación con un determinado propósito y su contexto." (Lee, 2011, p.11). Lee continúa diciendo que,

> "(...) Si un edificio o un entorno está diseñado y construido para ser sostenible, debe informar cómo fue concebido y situado, y qué lo hace así y bajo qué tipo de condiciones. Y en presencia de tal trabajo, debe ser perceptible y/o comprensible que sirva y se ajuste a tal propósito." (Lee, 2011, p. 11)

Este tipo de expresión arquitectónica tiene un propósito: sensibilizar al medio ambiente para el cual las ideas de sostenibilidad y durabilidad son clave (Lee, 2011). La diferencia entre sostenibilidad y durabilidad es que la primera es la capacidad de mantener y respaldar un sistema, idealmente de forma indefinida. Este último trata sobre el estado de un objeto y su capacidad para funcionar durante un tiempo específico previsto (o más). Es importante resaltar que existe una delgada línea entre el *greenwashing* y la eco-visibilidad productiva, aunque su reflejo está más allá del alcance de este capítulo.

El complejo Water and Life Museums (Museos de Agua y Vida) en Hemet, California, terminado en 2008, fue el primer edificio de este tipo (museo) en obtener una certificación LEED Platinum. Es un ejemplo de edificio cuya percepción de sostenibilidad es clave, ya que el propósito de sus exhibiciones es brindar información sobre la preservación de los recursos locales. El edificio es un 'vivo' ejemplo de conservación de recursos (Figura 2.7). Aprovechando el sol del desierto, los techos del museo están completamente cubiertos con paneles fotovoltaicos, que producen energía mientras protegen el interior del sol caliente. Los 3.000 paneles solares generan el cincuenta por ciento de la energía de los museos. Las dos logias entre los museos cuentan con paneles fotovoltaicos especiales semitransparentes que proporcionan algo de sombra y energía. La percepción de sostenibilidad de este ejemplo está estrechamente relacionada con su facticidad, ya que sus características ecológicas no solo transmiten mensajes de responsabilidad, sino que también brindan un ahorro de recursos significativo, incluso en un sitio tan duro como el árido desierto de Hemet.

Figura 2.7 Complejo del Water and Life Museums. Hemet, California - 2008

Notas:

- (izquierda) vista aérea, (derecha) la matriz solar
- de Lehrer Architects, Gangi Architects

La arquitectura sostenible como percepción es, por tanto, un componente central del Water and Life Museums. Dada la naturaleza urgente del cambio climático, parece comprensible que los arquitectos se basen en respuestas creativas que muestren claramente su sostenibilidad. Sin embargo, depender únicamente de la percepción, sin una facticidad coincidente, puede ser contraproducente para ambos, lograr los objetivos ecológicos de un edificio y contribuir al cambio global hacia estrategias de desarrollo más sostenibles. En la actualidad, se podría incluso plantear que la arquitectura sostenible está tan preocupada por su percepción que tiende a un tipo de eco-didactismo, donde el edificio se convierte en un medio político de expresión. Jacques Ranciere, en *The Politics of Aesthetics* (La Política de la Estética) afirma que,

> "La política y el arte, como formas de conocimiento, construyen 'ficciones', es decir reordenamiento material de signos e imágenes, relaciones entre lo que se ve y lo que se dice, entre lo que se hace y lo que se puede hacer" (Ranciere , 2011[2000], p.39).

La limitación es que, a menos que el público de una obra sea consciente de la política (o los mensajes previstos) de la pieza, la conversación entre el espectador y la pieza nunca podrá tener lugar. Ranciere continúa sugiriendo que:

> "Aquí [hay] políticas del arte que son perfectamente identificables. Es perfectamente posible distinguir la forma de politización que actúa en una novela, una película, una pintura, una instalación o un edificio. Si esta política coincide con un acto de construcción de disensión política, esto es algo que el arte en cuestión no controla." (Ranciere, 2011[2000], p.62)

Además de las concepciones de facticidad (en sí misma) y percepción (para otros), Existe también un tipo de arquitectura sostenible cuyo potencial se extiende más allá de su ladrillo y cemento y hasta un lugar donde la arquitectura sostenible puede convertirse en lo que todavía no es. ¿Qué sugiere esto?

REFLEXIONES FINALES

En las secciones anteriores, una serie de ejemplos arquitectónicos nos ayudaron a investigar y apreciar tres escalas ontológicas de la arquitectura sostenible: *facticidad, potencial* y *percepción*. Esta exploración se basó en la hipótesis de que la facticidad es el medio más extendido para crear una arquitectura sostenible, mientras que la potencialidad parece ser el menor. La arquitectura sostenible como percepción aparece como un medio estratégico que permite una lectura particular siempre que sea necesario.

Esta investigación de lo que significa ser una arquitectura sostenible a través de la lente existencial sartreriana ha contribuido a estructurar cómo la arquitectura sostenible puede definir su propio significado a través de diferentes formas de investigación del diseño. La tabla 2.1 (arriba) define la ontología de lo que significa cada una de estas escalas para la investigación del diseño. Como ejercicio sinóptico adicional, hemos implementado las categorías de investigación de diseño de la Tabla 2.1 para visualizar un proyecto de arquitectura sostenible arbitrario. Es obvio que se pueden obtener numerosos resultados a través de este ejercicio de pensamiento de diseño preliminar, por lo que la tabla no pretende ser una lista final de preguntas. Su objetivo es desvelar la aplicabilidad de nuestras tres escalas ontológicas a la hora de pensar en la esencia, o su razón de ser, un proyecto de arquitectura sostenible. Los resultados del ejercicio se muestran en la Tabla 2.2.

Las premisas e investigaciones presentadas en la Tabla 2.2 describen las grandes diferencias entre la forma en que cada categoría ontológica trata la arquitectura sostenible. En la categoría de facticidad (en sí misma), el edificio verde es un objeto instrumental; en la categoría potencial (por sí misma), la arquitectura sostenible se convierte en un medio para otros fines, en la categoría de percepción (para otros), la arquitectura es un ejercicio de demostración.

Tabla 2.2 Ejemplos de inquietudes dentro de las categorías ontológicas de facticidad, potencial y percepción para un proyecto de arquitectura sostenible

Esferas de preocupació n→ Investigació n ontológica ↓	Económico abordando el desarrollo económico individual y organizacional	Ambiental abordando el agotamiento de los recursos, los daños ambientales y la regeneración	Social abordando la coherencia social, la vida comunitaria y la comodidad individual	Cultural abordando el simbolismo, el significado contextual, el patrimonio y la diversidad cultural.
Facticidad (en sí misma)	El edificio verde como forma de crecimiento organizacional.	El edificio verde como forma de optimizar el rendimiento y reducir los impactos.	La edificación verde como forma de incrementar la oportunidad de negocio local (socioeconómico).	El edificio verde visto como una forma de incrementar el turismo local (cultural-económico).
	¿Cómo podemos sacar provecho del edificio haciéndolo eficiente?	¿Cómo podemos reducir los impactos ambientales negativos del edificio?	¿Cómo podemos reducir las repercusiones sociales negativas durante la construcción del edificio?	¿Cómo podemos incrementar el número de personas que visitan el edificio?
Potencial (para sí misma)	El proyecto arquitectónico como medio para el desarrollo organizacional y comunitario.	El proyecto arquitectónico como medio de regeneración ambiental.	El proyecto arquitectónico como medio para potenciar la vida comunitaria.	El proyecto arquitectónico como medio de impulso cultural.
	¿Cómo puede la estrategia ecológica ser económicamente fecunda?	¿Cómo podemos compensar los efectos ambientales negativos del edificio?	¿Contribuye a la regeneración social de la comunidad?	¿Cómo podemos garantizar que se enriquezcan la diversidad cultural y la importancia contextual del lugar?
	¿El edificio ayuda a desarrollar económicamente a la comunidad?	¿Se han considerado adecuadamente las soluciones pasivas o contextuales?	¿Es la dimensión funcional lo suficientemente flexible como para garantizar una segunda vida al edificio?	¿Este artefacto proporciona un impulso cultural a la comunidad?
Percepción (para otros)	El proyecto arquitectónico como modelo eco-económico.	El proyecto arquitectónico como un edificio visiblemente verde.	El proyecto arquitectónico como medio para mostrar la importancia de la cohesión y equidad social.	El proyecto arquitectónico como medio para popularizar aún más la cultura ambiental.
	¿Cómo puede parecer que el edificio es económicamente viable?	¿Cómo podemos mostrar todas las características ambientales para mostrar al público nuestras elecciones responsables?	¿Cómo demostrar que las repercusiones sociales son equitativas?	¿Cómo podemos demostrar que el público puede leer el significado contextual del lugar?
	¿Cómo muestran las tecnologías adoptadas que contribuyen al desarrollo económico de la comunidad?	¿Cómo podemos demostrar que estamos sustentando no solo a nuestra especie sino a todas las especies?	¿Cómo puede el edificio demostrar que contribuye a la regeneración social?	¿Este edificio enriquece la cultura ambiental de la comunidad?

Notas: ©Cucuzzella, 2019

Como experimento mental final, si las categorías del dualismo radical sartreriano entre el en sí mismo (su facticidad) y el por sí mismo (su potencial) son encapsuladas en un proyecto arquitectónico sostenible, como hemos mostrado a través del conjunto de investigaciones de la Tabla 2.1 y la Tabla 2.2, no sería solo eco-productivo. También tendría el potencial de hacer grandes contribuciones a la sociedad, a la cultura, al medio ambiente e incluso posiblemente a la economía. Esto representaría un gran salto hacia adelante, dado que, en la práctica actual, la prisa por demostrar la capacidad de la arquitectura sostenible para reducir los impactos ambientales ha sido, en su mayor parte, relegada drásticamente al ámbito de la facticidad. Si un enfoque puramente concentrado en la facticidad puede ser complementado por la consideración del otro (su percepción), lo cual puede ayudar también a construir una cultura de la sostenibilidad, ¿puede entonces este marco de referencia sartreriano ayudar a aclarar hoy en día la definición de calidad en la arquitectura sostenible?

REFERENCIAS

Barthes, R. (1972). *Mythologies*. Paladin.

Barthes, R. (1977). Rhetoric of the Image. En S. Heath (Ed.), *Image-Music-Text* (pp. 32-51). Hill and Wang.

Beck, U. (2004). *Risk Society: Towards a New Modernity* (R. Mark, Traducción.). Sage.

Boecker, J., Horst, S., Keiter, T., Lau, A., Sheffer, M., Toevs, B., & Reed, B. (2009). *The Integrative Design Guide to Green Building - Redefining the Practice of Sustainability*. John Wiley & Sons, Inc.

Hardy, Labonté Marcil, Eric Pelletier architectes en consortium, LBHA, SDK, & TEKNIKA·HBA. (2009). *Saint-Laurent Library competition: Un trait de paysage dans la ville*. En Saint Laurent Library 2009 Architectural Competition, Phase 2. Ciudad de Montreal.

Cucuzzella, C. (2015). Judging in a World of Expertise: When the Sum of the Parts is LESS than the Whole. In J.-P. Chupin, C. Cucuzzella, & B. Helal (Eds.), *Architecture Competitions and the Production of Culture, Quality and Knowledge: An International Inquiry* (pp. 144-161). Potential Architecture Books.

Dewey, J. (1990). *The Quest for Certainty - A Study of the Relation of Knowledge and Action*. George Allen & Unwin Ltd (primera publicación en 1930).

Ellul, J. (1964). *The Technological Society* (J. Wilkinson. Traducción. Versión original en francés, 1954 ed.). Vintage Books.

Farmer, J. (1996). *Green Shift: Towards a green sensibility in architecture*. Butterworth Architecture in association with WWF-UK.

Fisher, T. (2008). Architectural Design and Ethics: Tools for Survival. Elsevier/Architectural Press.

Flynn, T. (2013). Jean-Paul Sartre. *The Stanford Encyclopedia of Philosophy*. Fall 2013 Edition. Obtenido de <https://plato.stanford.edu/archives/fall 2013/entries/sartre/>

Giddens, A. (2004). *Modernity and Self-Identity: Self and Society in the Late Modern Age*. Polity Press and Blackwell Publishing (primera edición de 1991).

Guy, S., & Farmer, G. (2000). Contested Constructions: The Competing Logics of Green Buildings and Ethics. En W. Fox (Ed.), *Ethics and the Built Environment* (pp. 73-87). Routledge.

Hagan, S. (2001). Taking Shape: A new cultural contract between architecture and nature. Architectural Press.

Hajer, M. (1995). The Politics of Environmental Discourse: Ecological Modernization and the Policy Process. Oxford University Press.

Hansen, A., & Manchin, D. (2009). Visually Branding the Environment: Climate Change as a Marketing Opportunity. *Discourse Studies, 10*(6), 777-794.

Khasreen, M. M., Banfill, P. F. G., & Menzies, G. F. (2009). Life-Cycle Assessment and the Environmental Impact of Buildings: A Review. *Sustainability (Switzerland), 1*, 674-701. doi:10.3390/su1030674

Lee, S. (Ed.) (2011). *Aesthetics of Sustainable Architecture*. 010 Publishers.

Pérez-Gómez, A. (2006). Built Upon Love: Architectural Longing after Ethics and Aesthetics. MIT Press.

Ranciere, J. (2011[2000]). *The Politics of Aesthetics: The Distribution of the Sensible* (G. Rockhill, Trans.). Continuum.

Rotor. (2014). Behind the Green Door: A Critical Look at Sustainable Architecture through 600 Objects. Oslo Architecture Triennale.

Sartre, J.-P. (1993). *Being and Nothingness*. Washington Square Press.

Sauerbruch, M., & Hutton, L. (2011). What Does Sustainability Look Like? En S. Lee (Ed.), *Aesthetics of Sustainable Architecture*. 010 Publishers.

Smith, D. W. (2008). Phenomenology. En E. N. Zalta (Ed.), *Stanford Encyclopedia of Philosophy*. The Metaphysics Research Lab.

Tabb, P. J., & Senem Deviren, A. (2014). The greening of architecture: A critical history and survey of contemporary sustainable architecture and urban design. Ashgate Publishing Limited.

Umberto, E. (1997). Function and Sign: The Semiotics of Architecture. En *Rethinking Architecture* (pp. 173-186). Routledge.

Van Der Ryn, S., & Cowan, S. (2007). *Ecological Design, 10th Anniversary Edition*. Island Press.

William McDonough Architects. (1992). *The Hannover Principles: Design for Sustainability*. Trabajo presentado en la EXPO 2000, The World's Fair, Hannover, Alemania.

Wines, J. (2000). *Green Architecture*. Taschen.

CAPÍTULO 3

PREFACIO DE LOS EDITORES

Mientras que Cucuzella propone que una arquitectura sostenible es una compleja realidad ontológica, Nada Tarkhan resalta que lo que es percibido hoy como sostenible puede ser un resultado de las dinámicas del mercado, como el empuje de la tecnología y la demanda del mercado. Ella se concentra en el caso del bienestar en los edificios, sus estándares y normas, sus tecnologías y sus datos usando un estudio monográfico en un edificio de oficinas comerciales. El ensayo pone en cuestión si el actual discurso con gran énfasis sobre el bienestar de la arquitectura sostenible proviene de una base ideológica o de factores de mercado. Mientras que nadie puede cuestionar la importancia del bienestar humano en un amplio margen de la arquitectura sostenible, debemos cuestionarnos los factores financieros que forman y refuerzan el estandarizado discurso técnico sobre el tema. Ella destaca cómo ahora se espera de los arquitectos que se presenten y se comprometan con esta nueva forma de discurso sobre el bienestar técnico – un proceso que implícitamente desacredita la tradición centenaria de la disciplina de atender a la cualidad del espacio como lo fundamental para el bienestar humano. Llegamos a un complejo círculo vicioso: donde el mercado demanda mejoras en la eficiencia es respondido con tecnologías de medición (sensores y otros), que proveen de nuevos datos que continuamente reforman el discurso de la arquitectura sostenible, y antes de aumentar la demanda de mercado, se requiere más eficiencia basada en datos que hacen que el ciclo vuelve a empezar. En este ciclo, las dimensiones cualitativas de la arquitectura son marginadas para crear cada vez más espacio para las figuras y presentaciones tecnocientíficas.

Trayectorias tecnológicas: Evaluación del papel de la detección en el diseño

Nada Tarkhan

Instituto Tecnológico de Massachusetts (MIT), Estados Unidos

INTRODUCCIÓN

Los caminos hacia la innovación en el entorno edificado han ido evolucionando para satisfacer al creciente acceso al flujo de datos. Las narrativas arquitectónicas se han expandido para adoptar métodos de evaluación, medición y calibración que intenta descifrar la información recibida y usarla para informar a las decisiones de diseño. Con esta expansión, hemos sido testigos de un ascenso simultaneo en consciencia sobre el diseño y en un cuestionamiento más profundo de la mercantilización de los datos, en la medida en que pertenecen a nuevas modalidades arquitectónicas. La expresión *Trayectorias arquitectónicas* puede definirse como las vías por las que sucede esta innovación. La aparición de los avances mencionados anteriormente es el producto de la interacción entre progreso científico, factores económicos y variables institucionales (Dosi, 1981). Una parte importante del comprender los avances tecnológicos en arquitectura implica evaluar su persistencia y sus contribuciones a la definición del discurso del diseño sostenible. Las adopciones de ambos paradigmas tecnológicos y los determinantes que los preceden son importantes de igual manera para analizar cuándo valorar el poder de la adopción tecnológica. En el entorno edificado, la manifestación tecnológica ha influido en muchos aspectos del diseño: desde la automatización del edificio a través de varios sistemas (eléctricos, mecánicos, etc.) a la avanzada detección y monitorización de la Calidad Ambiental de Interiores (Indoor Environmental Quality, IEQ por sus siglas en inglés). Un análisis matemático escalar puede ayudarnos a profundizar en este tema y a entender su magnitud en importancia e implicaciones para el campo del diseño sostenible.

En matemáticas, el análisis escalar de una ecuación compleja nos ayuda a identificar tanto los parámetros clave para resolver la ecuación y aquellos que son de menos importancia. En este contexto, puede ser útil utilizar esto como una analogía a través de la cual ver los avances tecnológicos: aquellos que pueden ser usados para definir el discurso del diseño sostenible y aquellos que existen para ayudar en una operación. Mientras que los resultados fuera de este binomio son posibles, la caracterización es un intento de diseccionar el discurso y reflejarse en las contribuciones de varias innovaciones emergentes. Esta disección deviene particularmente relevante cuando miramos la información que puede obtenerse a partir de las diferentes tecnologías de detección, y sus respectivas implicaciones en el diseño a lo largo del tiempo. En un esfuerzo de imitar el proceso de análisis escalar, este capítulo evaluará el impacto de las implicaciones tecnológicas y de origen técnico a través de un análisis escalar de las mismas. La tecnológica define el proceso, mientras que la de origen técnico se refiere a su producto. El proceso de análisis escalar comienza con la identificación de parámetros y variables de la ecuación (fronteras del sistema) y su magnitud relativa así como sus respectivas esferas de influencia hasta el momento. Esto será realizado a través de breve historia de los sistemas de detección arquitectónica y una evaluación de sus impactos relativos y codependencias. En segundo lugar, el capítulo intentará evaluar la magnitud de los sistemas de detección y el rol que juegan en la definición de la sostenibilidad y el discurso del bienestar. Este paso se realizará a partir de un examen de estudios monográficos concernientes tanto a estudios técnicos de edificaciones y certificaciones emergentes. Aquí es donde se evalúa el orden de la magnitud y la influencia. En este nivel de análisis escalar, las subescalas, consistentes en elementos físicos, temporales y digitales, son exploradas en mayor profundidad. Finalmente, en el análisis de estas subescalas, establecemos una comprensión de las dependencias, reflejamos su persistencia y establecemos una comprensión de los modos bajo los que operan estas trayectorias tecnológicas.

Figura 3.1 Análisis escalar

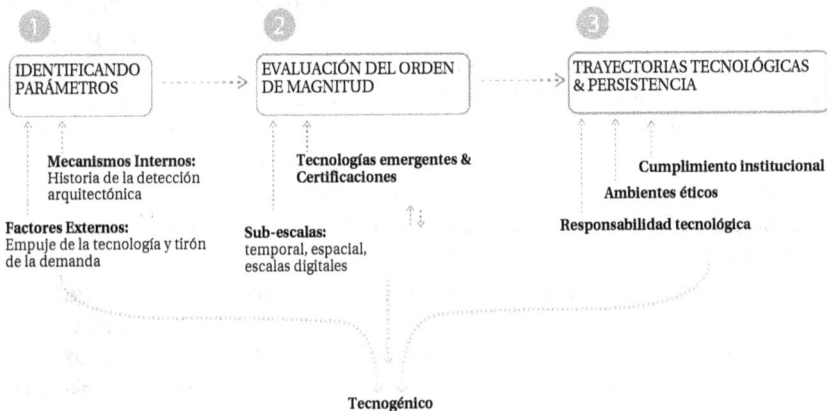

El proceso de simplificación constituye un paso imprescindible en la solución de problemas numéricos, reduciendo el número de variables para agilizar el proceso de solución. No obstante, en este caso la intención es simplificar hasta tal punto que la solución se convierta en aquello que tiene una trayectoria extrapolada hacia una asimilación tecnológica crítica. Un proceso de estas características nos daría un espacio de solución capaz de proveer un marco de referencia más maleable en lugar de una resolución absoluta. Es importante mencionar que, mientras este proceso de análisis sigue un acercamiento más estandarizado, identifica una perspectiva ontológica más amplia en el campo en que se hace todavía muy impresionista el paralelismo matemático global.

Además, este capítulo explorará no solo cómo son identificados los flujos de innovación contemporánea sino que también indagará en cómo puede evaluarse su papel en la formación del discurso del diseño sostenible. La agenda de sostenibilidad ha presenciado en sí misma muchas integraciones en los últimos veinte años. En lo que ha sido más predominante, tanto las mecánicas como las cualitativas deben combinarse para dar ascenso a una arquitectura más completa e inclusiva con los problemas. En lo que sigue, examinaremos las narrativas, métodos y técnicas emergentes que han sido impulsoras de la idea de detección y respuesta en la arquitectura. También serán examinados los dos modos con los que estas terminologías han sido definidas, así como su esfera de utilización. Por último, este capítulo intentará debatir en profundidad las condiciones previas que permiten que la tecnología se convierta en un facilitador para el diseño, y cuándo se convierte la tecnología en un producto resultante. En la Figura 3.1 se resume un itinerario de este análisis.

UNA HISTORIA DE LA RESPUESTA TECNOLÓGICA

En el análisis histórico que hace Dosi (1982) acerca del progreso tecnológico, afirma que "las teorías de cambio técnico en general han sido clasificadas en dos amplias categorías, concretamente, en auge por la demanda y el impulso tecnológico". Sus obras indican que las ambigüedades de las teorías por auge de la demanda no son indicadores suficientes de que la demanda de mercado en solitario sea un motor de la actividad innovativa. Por otro lado, la vía del impulso tecnológico en la innovación se basa en los avances mismos para predecir la dirección del cambio técnico. Sin embargo, esto llega a ser complejo igualmente, en tanto que el progreso rara vez es lineal, y la incertidumbre asociada a los avances tecnológicos y a la invención es alta normalmente. También falla en capturar la compleja naturaleza de los ciclos de retroalimentación entre usuario, economía y tecnología. Emergiendo principalmente desde la teoría económica, las analogías de Dosi clarifican las complejidades de la adopción de tecnología y establecen el escenario para continuar el análisis. Además de llevar a cabo un análisis escalar, intentaremos ver dónde ha sido la tecnología un mecanismo reactivo (conducido por la demanda) y la variación entre los casos en que ha formado una relación más interactiva con otros campos (una combinación de auge por la demanda e impulso tecnológico). Estos conceptos reiteran la idea de que los distintos modos de avances son gobernados por diferentes impulsores no lineales que evolucionan continuamente.

La noción de respuesta arquitectónica nos ha permitido interactuar con nuestros entornos en una cantidad de maneras sin precedentes. Seguramente, las técnicas pasivas en tipologías vernáculas globales han mostrado una respuesta climática y establecido un diálogo contextual más profundo que otras tipologías de la construcción que vemos hoy en día. Esto ha sido conducido en gran medida por una demanda de creación de vivienda mientras se coexiste con las condiciones ambientales. Más allá de paralelismos vernáculos, la reacción aquí pretendida es aquella que nos permite entender y cuantificar el comportamiento humano, patrones de los ocupantes y los sistemas usados mediante la ayuda de la instrumentación que recoge datos de nuestros entornos. Mientras estas tecnologías sensoriales se desvelan ante nosotros debemos ser precavidos con su uso, intención y magnitud de impacto. Para repetir lo que ha sido afirmado anteriormente, entender la persistencia de esas tecnologías es clave para revertir su impacto. Andrzej Zarzycki (2018) sostiene que "el conocimiento integrado en el desarrollo de sensores analógicos y actuadores es transferible a otras disciplinas, aunque ello aguarda significativas respuestas y aplicaciones arquitectónicas".

Las intenciones que hay detrás de las respuestas ambientales son variadas y podrían representar diferentes tipologías de edificios, escenarios de diseño y diseños de sistema. Asimismo, la investigación espacial, la validación del rendimiento y la iteración del diseño son solo unos pocos ejemplos del guiar los motivos para estudiar la capacidad de los edificios de responder a condiciones diferentes. En el contexto de la detección de edificios, la respuesta ambiental pertenece al resultado o la acción que se desea y al nivel del edificio en el que se integra la automatización tecnológica. Por ejemplo, en una gran escala puede ser una estructura de sombra externa que responde a los ángulos del sol para optimizar el acceso de la luz del día al espacio interior a lo largo de las distintas estaciones. En una escala menor, puede considerarse un sensor que mide la concentración de CO_2 en el aire y ajusta una posible operación de sistema mecánico.

En un esfuerzo por abarcar todo el espectro de intenciones, debemos ensanchar las fronteras del campo de la sostenibilidad. Es importante señalar que, como se hace para resolver cualquier problema matemático, podemos elegir o bien hacerlo aisladamente, o podemos trazar parámetros externos que nos sean útiles. En realidad, los modelos de investigación y práctica rara vez son ecuaciones cerradas que se solucionan únicamente con la ayuda de parámetros internos. Una analogía más realista confirmaría la codependencia exhibida en un sistema abierto de respuesta. Por ejemplo, es imposible evaluar la calidad del aire interior sin referencia a una medición de la concentración exterior. Así, las condiciones e influencias externas son claves para establecer una estructura analítica. De manera similar, una aproximación aislada al campo consideraría solamente los componentes numéricos de las tecnologías de detección y análisis de rendimiento energético "mientras se ignora la idea de que la arquitectura, como síntesis de procesos civiles, es una expresión de técnicas constructivas y transformaciones tipológicas desarrolladas a lo largo de la historia" (Scardigno, 2014).

El potencial definitivo que mantiene la tecnología se deriva de su propósito y modo de conducta (Hensel, 2017). Los motivos operacionales clave han variado a lo largo de la historia y evolucionado para priorizar diferentes objetivos. La conversación sobre la eficiencia energética es esencial a los orígenes de la automatización y la detección en edificios. Con el agotamiento de recursos y el cambio climático global, la interdependencia de la innovación energética y tecnológica ha quedado muy clara: donde la tecnología, en este caso, ha sido una reacción a una creciente necesidad y concienciación. Muchos edificios que vemos hoy en día tienen integrados una sofisticada red de detectores diseñada para mejorar el confort de sus inquilinos y operaciones energéticas eficientes, para lograr el nivel deseado de respuesta de la construcción. Hemos presenciado avances significativos en el campo de la operación centralizada de edificios –como utilizar Sistemas de Gestión de Edificios (Building Management Systems, BMS por sus siglas en inglés) para proveer diagnósticos de fallo, iluminación conectada, medidores HVAC y sensores de ocupación. La existencia de esta interconexión multiparalela implica que los sistemas pueden programarse para seguir un horario de rendimiento y detectar cuándo están ocupando un espacio los usuarios, gastando energía únicamente cuando ese espacio se use u ocupe. Todo esto se hace posible mediante un conjunto de sensores infrarrojos pasivos (PIRs en inglés), así como fotocélulas que recogen la luz y el CO_2 y los niveles de humedad y temperatura. A través de un conjunto de controles, los sistemas ajustan sus parámetros internos (índices de ventilación, temperatura del suelo e intensidad luminosa) para responder a una serie de rangos de rendimiento espaciales que están predefinidos.

La velocidad del avance tecnológico, un menor coste, el aumento de la responsabilidad y la creciente necesidad han acelerado la adopción de tecnologías de detección en los edificios. Más allá de la detección, los avances en diseño de fachadas de alto rendimiento (como ventanas con un mayor rendimiento térmico) han permitido la construcción de edificios con placas de piso más estrechas, de manera que los inquilinos pueden habitar los espacios del perímetro y acceder a la luz, la ventilación y las vistas (Choi et al., 2012). Aquí podemos ver que las decisiones de diseño comparten una interdependencia con la dirección en la que ha avanzado la tecnología. No obstante, en algunos casos la relación entre tecnología y diseño es más compleja y representa una asociación impredecible de manera más implícita.

No podemos predecir el escenario exacto de adopción tecnológica a través de todos los tipos de dispositivos integrados en la construcción, pero los esfuerzos en entender las codependencias a través de la naturaleza transdisciplinaria del campo de la automatización de los edificios están empezando a cobrar forma.

Datos y modalidades emergentes

Los marcos combinados de detección y edificación están aumentando tanto en complejidad como en potencial sostenido, potencial relacionado no solo a la adquisición de datos, sino a su vez con la fidelidad y fiabilidad de su evaluación en diseño. Mientras que la incertidumbre domina todavía la dirección de la adopción, la presencia de la vigilancia en alta resolución y los avances a gran escala con los procedores de silicio han catapultado al diseño y a la ciencia de edificación a una nueva era de gestión de datos. La profesión de la construcción debe justificar la adopción espacial dinámica, el material y los ciclos vitales del sistema, así como una miríada de otros usos en cambio. En última instancia, los desarrollos en torno al big data nos han permitido anticipar cómo se usarán los edificios y cómo prepararlos mejor para el futuro (Linder et. al., 2017). La potencia de cálculo masiva y el acceso a los datos en tiempo real no solo han refinado la precisión de la información que obtenemos, sino también la velocidad con la que se nos hace accesible. Los mecanismos de retroalimentación se alimentan mediante un ubicuo equipamiento de detección que ahora tiene la capacidad de formar correlaciones estadísticas, ejemplificando avances en el mundo del aprendizaje automático y la inteligencia artificial.

Los termostatos inteligentes son un buen ejemplo de detección avanzada en edificios, teniendo la capacidad de programarse a sí mismos y ajustarse a los patrones del inquilino, y encender y apagar automáticamente varias operaciones del edificio. Los termostatos detectan información sobre la actividad de los ocupantes y la usan para ajustar los niveles de iluminación y los flujos de aire de la ventilación para atender al número exacto de estos en un espacio. Además, almacenan esta información estadística y la usan para desarrollar operaciones estacionales de larga duración sin ninguna entrada manual del usuario. El resultado es un optimizado sistema ideal de compensación de condiciones que se ajusta a las necesidades de los usuarios. En el mundo de la ciencia de datos, esto es a lo que se refiere un sistema basado en datos, opuesto a uno convencional basado en el conocimiento (Dubois et al., 2000). En esencia, el intento de un enfoque en el aprendizaje automático es gestionar una multitud de variables en los casos en los que es difícil predecir un resultado. Esto contrasta con un sistema basado en reglas, que maneja solo unas pocas variables y sigue un modelo más prescriptivo para las operaciones. Un sistema basado en el conocimiento nos da la capacidad de resolver problemas complejos y proporciona datos que podemos usar para aprender y adaptar nuestros espacios. Recibimos respuestas a preguntas que no hemos hecho, que pueden ser muy poderosas para proveer una percepción de cómo se realizan los espacios. Esto es fundamental para muchas tecnologías emergentes que pretenden evolucionar la manera en la que usamos la energía en nuestros edificios.

Como se ha destacado anteriormente, el desarrollo de las tecnologías avanzadas y el mercado han conducido a la demanda en el entorno construido para tener un lugar prominente en la definición de los patrones de uso. Los avances circundantes a las redes de edificación dominantes, marcos de sensores y poder computacional, han ayudado a funcionalidades como el rastreo de energía. La codependencia entre las fuerzas de mercado y la aparición de tecnologías es evidente en tendencias como el desarrollo de sistemas BMS y los enfoques tomados para submedir y rastrear los componentes individualizados de uso del edificio, como el aire fresco, el agua templada o caliente para el uso mecánico del sistema. Rastrear estos elementos ha proporcionado una perspectiva indudablemente imprevista y nos ha dado más control sobre el nivel deseado de respuesta del edificio que deseamos lograr. Es muy consecuente entonces que estos mismos parámetros se conviertan en una parte importante en el rastreo de métricas de sostenibilidad y en la mejora en el rendimiento total del edificio y en la eficiencia de recursos.

Sin embargo, en los años recientes el discurso de la sostenibilidad se ha expandido más allá de la gestión de la energía para abarcar también el confort y el bienestar del ocupante. Nuestra ubicuidad de modelos sofisticados y técnicas analíticas debe ahora dirigirse a un rango mayor de preocupaciones y consideraciones sobre el diseño. Un mercado –o un auge de la demanda respaldado por fundamentos científicos– es evidente en este caso. Las oportunidades y retos de los marcos tecnológicos emergentes deben ahora ser evaluados frente a un nuevo conjunto de métricas. El reto al que la nueva generación de herramientas debe dirigirse es la cuantificación de los conceptos e indicadores de bienestar que operan fuera del reino de las mediciones operacionales de edificación tradicionales, y cuya base está evolucionado rápidamente. Las implicaciones de esto serán destacarán en las siguientes secciones mediante la identificación de las métricas emergentes y dirigiéndose a los variados vocabularios sobre el bienestar que han sido desarrollados.

ESTÁNDARES DE MARCO: IDENTIFICANDO EL NEXO PARA EL BIENESTAR

El enfoque en la salud y el bienestar en los edificios ha ganado una gran atención en los últimos años. Los estadounidenses pasan de media aproximadamente el 90% de su tiempo en el interior (US EPA, 1989). Un estudio llevado a cabo por Gallup en el American Workplace identificó que alrededor del 67% de los empleados en 2016 se sentían emocionalmente separados en el trabajo. Un estudio realizado por Gallup sobre el American Workplace (espacio de trabajo de los estadounidenses) identificó que en 2016 aproximadamente el 67% de los empleados se sentían desconectados de su trabajo. Las razones son variadas, pero se ha identificado que uno de los principales factores contribuyentes es el ambiente de los interiores. Además, ha habido un fuerte interés científico en investigar e identificar las correlaciones directas entre la salud del ocupante y el ambiente del interior. El ruido, la luz, la temperatura y la calidad del aire han causado problemas de salud, como por ejemplo los respiratorios. Desde esta perspectiva, el fracaso en explicar los efectos fisiológicos del diseño de edificios ya no es aceptable, y la conservación de la energía no puede mantenerse como el único objetivo de la sostenibilidad del edificio. En lo que muchos han descrito como el nuevo "green", el bienestar ha llegado a asumir un rol central para identificar mejores formas de entender y evaluar el rendimiento de nuestros edificios.

Desde la desaparición de la sola meta centrada en la eficiencia de los recursos hasta la aumentada concienciación sobre la salud del ocupante, el entorno edificado ha ido evolucionando hasta alterar su esfera de sostenibilidad actual y su lista de prioridades de diseño. Con el ascenso de las certificaciones como el WELL Building Standard[1], arquitectos e ingenieros se han visto cara a cara con nuevas métricas de evaluación que abarcan los materiales, la calidad del aire y la temperatura, así como la planificación del espacio y la ergonomía. El WELL Building Standard pone al ocupante en el centro del diseño e incluye una lista más completa de estrategias de construcción que se derivan en siete categorías: alimentación, luz, aire, movimiento, agua, confort y mente. Para tal fin los marcos de evaluación y las estrategias de diseño tienen que ser desarrolladas para considerar a la nueva generación de certificaciones de edificios y las necesidades de sus ocupantes. Mientras que la industria ha crecido acostumbrada a los estándares de certificación verdes como el LEED[2] y el BREEAM[3], el mapa de ruta para navegar hacia el bienestar está todavía en desarrollo y no ha sido totalmente incorporado en la práctica. Mientras que algunas mediciones y métricas se mantienen tímidas, el fundamento financiero de gasto en empleados es lo suficientemente significativo para desarrollar una sólida situación comercial. El análisis económico ha mostrado que alrededor del 90% de los costes operacionales del negocio son costes de personal en salarios y beneficios (WGBC, 2014). Esto significa que un aumento del 2% en la

[1] Estándar lanzado en 2014. Para más información: https://www.wellcertified.com/

[2] Liderazgo en Energía y Diseño Ambiental (Leadership in Energy and Environmental Design). Para más información: https://new.usgbc.org/leed

[3] Método de Evaluación Ambiental del Establecimiento de Investigación de Edificios (Building Research Establishment Environmental Assessment Method). Para más información: https://www.breeam.com/

productividad de los empleados mediante un mayor rendimiento puede suponer aproximadamente 6\$/m² mientras que un descenso del 2% en el consumo de energía podría suponer un ahorro de 0,06\$/m² (JLL,2014). Los ambientes del lugar de trabajo se han convertido en el principal candidato para esos estudios ya que son el lugar donde las personas pasan la mayor parte del día, y donde la productividad y el rendimiento cognitivo pueden investigarse mejor (Heschong Mahone Group Inc., 2003). Los empleadores están aumentando cada vez más su interés en encontrar maneras de reducir el gasto en salud y absentismo, y a su vez mejorar la productividad. Dejando a un lado la certificación, los edificios deberían luchar por mejorar sus condiciones ambientales y utilizar las más modernas prácticas tecnológicas para tener en cuenta las revelaciones descubiertas por la investigación del discurso contemporáneo en sostenibilidad. No obstante, a menudo se da el caso de que la adopción del mercado dominante solo sucede cuando se formalizan las estrategias conforme a los requisitos de las certificaciones de contrucción. Esto es particularmente evidente en el caso de los materiales de interior. Los ingredientes materiales en las pinturas, específicamente, son un buen ejemplo de esto. Una investigación mostró que los Compuestos Orgánicos Volátiles (COV; Volatile Organic Compounds, VOC por sus siglas en inglés) causaban algunos problemas de salud, por lo que el mercado comenzó a demandar productos de pintura bajos en COV (Wallace, 1993). Consecuentemente, los avances en la fabricación y el conocimiento de los productos permiten que las pinturas se fabriquen con niveles más bajos de toxinas y COV, a pesar de haberse considerado previamente como esenciales para el rendimiento de la pintura. En relación a esto, las certificaciones y las etiquetas emergen para garantizar el rendimiento material e integrarse mediante las certificaciones de construcción, como los créditos de divulgación del material bajo los requisitos del LEED. La demanda de transparencia material y la tecnología para lograrla van de la mano en este caso, y encarnan el efecto de auge-impulso identificado anteriormente en este capítulo. Además, sucede un efecto temporal, donde los ciclos, como el explicado anteriormente, se refinan y forman el discurso de la sostenibilidad a lo largo del tiempo. Podemos observar una ilustración de este ciclo en la Figura 3.2.

Con respecto a otras áreas de confort y bienestar con respecto a la calidad del aire, la temperatura y la luz, ya no se espera que el diseño atienda a una media estadística, sino a individuos con necesidades y preferencias variadas (Andrzej, 2018). Estudios han mostrado que alterar los parámetros espaciales internos puede influenciar en el rendimiento cognitivo (World Green Building Council, 2014). Identificar positivamente los factores contribuyentes a la salud es clave para desarrollar estrategias de bienestar en el diseño de edificios. Un estudio llevado a cabo por la Escuela de Salud Pública Harvard T. H. Chan (Harvard T.H. Chan School of Public Health) estableció un marco para entender los impactos cognitivos resultantes de trabajar en un edificio con certificado verde en comparación con uno sin certificar (Allen et. al., 2015). Se identificaron edificios verdes en cinco ciudades de EE.UU. como aquellos que superaraban el Estándar 62.1 de la ASHRAE[4] para requerimientos de ventilación (ASHRAE, 2019) así como para obtener la LEED Green Building Certification y un bajo nivel de concentración total de COV. El estudio encontró que, de media, los participantes en edificios de alto rendimiento puntuaron un 26,4% más en tests de inteligencia que aquellos en los edificios no certificados. Los dominios de funcionamiento cognitivo incluían: respuesta a las crisis, orientación en las tareas, búsqueda y uso de la información, estrategia y niveles de actividad básicos y aplicados. Mientras que los sujetos eran conscientes de que estaban participando en un estudio, no se les comunicó cuáles eran los tres parámetros testados: ingesta de aire fresco exterior, niveles de CO_2 y COV (Allen et at., 2015).

Figura 3.2 Ciclo de innovación y adopción del mercado en el campo del bienestar

Los avances en la investigación científica impulsan al mercado a demandar mejores productos

Avances en la tecnología de fabricación para atender a nuevos descubrimientos científicos

Formalización en certificaciones y códigos de construcción, respaldado por la investigación científica y la demanda del mercado

Emergencia de estándares de la industria de etiquetas para garantizar la calidad del producto y diferenciarlo en el mercado

---

[4] Sociedad Estadounidense de Ingenieros de Calefacción, Refrigeración y Aire Acondicionado (American Society of Heating, Refrigerating and Air-Conditioning Engineers). Para más información: https://www.ashrae.org/about

En el campo del diseño de iluminación, la investigación ha ido concentrándose en una iluminación ajustable que cambie la temperatura de color a lo largo del día. Mientras que las sensaciones visuales de la luz y antropología de la luminosidad han sido estudiadas en detalle, un estudio reciente ha indicado que la calidad de la luz a la que nos exponemos a lo largo del día influye en nuestro reloj interno y en nuestro ciclo sueño-vigilia. Esto es a lo que se le llama ritmo circadiano, o ciclo biológico, que ocurre cada 24 horas. Los distintos niveles de luz y temperaturas de color pueden suprimir y controlar la liberación de melatonina por la noche (Webb, 2006) y a su vez mejorar el estado de alerta durante las horas del día. En consecuencia, los elementos de iluminación ahora deben considerar tanto la salida espectral y la radiación artificial, así como los controles ajustables y sensores para explicar apropiadamente los efectos fisiológicos humanos.

Los métodos del Internet de las Cosas (Internet of Things, IoT por sus siglas en inglés), combinados con las valoraciones de IEQ centradas en las opiniones de los usuarios, permiten a los arquitectos obtener una comprensión más profunda de los patrones y comportamientos de los ocupantes del edificio. El IoT puede describirse como «una red de objetos físicos dedicados (cosas) que contienen una tecnología integrada para comunicar y detectar, o interactuar con sus estados internos y el ambiente externo" (Hung, 2017). Los métodos del IoT han revolucionado los analíticas de datos y han proporcionado unos potenciales de inmensa conectividad en los sistemas de los edificios. Estas capacidades de detección son las que nos permiten entender mejor nuestros ambientes interiores y su impacto en los ocupantes. De acuerdo con Gartner (Hung, 2017), al final de 2020, más del 65% de las empresas (poco más del 30% en 2017) adoptarían productos IoT. En la próxima sección, un estudio monográfico basado en un ambiente de oficina usará una plataforma IoT para estudiar varios parámetros internos.

Avanzando con nuestro análisis escalar, evaluaremos la respectiva esfera de influencia y el rol que los marcos tecnológicos emergentes han desempeñado en el discurso del bienestar. Vemos que la tecnología de detección digital es en última instancia un participante clave en cómo el discurso del bienestar está siendo validado y definido. La previsión e investigación numérica basada en la detección permite a los científicos de la edificación convencer a los propietarios, arquitectos, y a otros involucrados en el diseño de edificios, para adoptar prácticas de bienestar. Aquí vemos una relacion intrínseca existente entre el avance científico, el apoyo económico y las partes interesadas y su motivación. Para que los correspondientes criterios de diseño existiesen, la infraestructura digital tenía que existir para apoyar su manifestación y uso generalizado en un estándar de edificación. Sin el apoyo científico y económico, hay poco potencial atractivo para la adopción de estrategias de bienestar en el campo. Tanto en la escala digital como en la temporal, estos avances han mostrado que evolucionan a lo largo del tiempo e influyen en el desarrollo de la agenda de bienestar.

Diseño del ciclo de retroalimentación: Evaluación posterior a la ocupación

Hemos identificado que el bucle de retroalimentación tecnológico proporciona una perspectiva integral del rendimiento y ha mostrado que influye en el campo del diseño de alto rendimiento. Rubin y Elder (1980) argumentan que la investigación instrumentada desempeña un papel clave en el desarrollo de estándares. Establecer un marco efectivo de detección y análisis para la Evaluación Post Ocupación (Post Occupancy Evaluation, POE por sus siglas en inglés) es fundamental para obtener resultados que tienen el potencial de proporcionar una mirada fiable sobre el rendimiento y la retroalimentación sobre el diseño. La subescala física (espacial) es crucial para la aplicación de infraestructuras digitales avanzadas, donde los sensores son usados para ayudarnos a entender mejor cómo funcionan nuestros espacios. La POE ha sido usada ampliamente en la industria de la construcción para evaluar el rendimiento de las condiciones ambientales en los edificios y su efecto en los ocupantes. Puede definirse como «el proceso de evaluar edificios de forma sistemática y rigurosa tras haber sido construidos y ocupados por un cierto tiempo (Preiser et. al., 1988). La investigación, incorporando medidas de campo y retroalimentación desde los ocupantes, ha mostrado que hay una división entre la intención de diseño y el rendimiento real del edificio (Loftness et al., 2009). Mientras que esta división puede ser desde el producto de algo fruto de la conducta del ocupante hasta la degradación del sistema a lo largo del tiempo, los marcos de detección deben establecerse para hacer las preguntas correctas y dirigirse a la raíz de las causas de los problemas de rendimiento.

En un estudio monográfico enfocado en el desarrollo de la infraestructura de detección, la oficina Arup de Boston se dispuso a llevar a cabo un estudio de post-ocupación para comparar sus antiguos y nuevos espacios de oficina. La nueva oficina fue diseñada teniendo en cuenta las estrategias de bienestar y fue galardonada con las certificaciones LEED Platinum, WELL Gold y la 3-star de Fitwel[5]. El estudio utilizó un kit de sensores diseñado para interiores (mostrado en la Figura 3.3) que grabó los parámetros ambientales incluyendo la temperatura de bulbo seco (C), la humedad relativa (%), el nivel de iluminación horizontal (lux), la concentración (ppm) de dióxido de carbono (CO_2), el material particulado (PM 1, 2.5, 10) y los COV (Compuestos Orgánicos Volátiles). Las tres metas primarias del estudio eran la agilidad, la precisión de datos y el procesamiento de grandes cantidades de datos.

---

[5] Para más información: https://fitwel.org/

Figura 3.3 Kit de sensores para parámetros ambientales interiores

Notas:

- © Arup

La investigación fue diseñada para llevar a cabo un análisis comparativo entre las diferentes oficinas y los tipos de espacio (cocina, espacio de trabajo, sala de reuniones) dentro de cada oficina. En cuanto tal, no se exploraron los diagnósticos y detección afinada de anomalías de sistema. Esto hubiera requerido una gama distinta de herramientas de detección integradas en los sistemas de ventilación de las oficinas. Otro objetivo significativo del estudio era entender las conexiones entre varias estrategias de edificación y la satisfacción del empleado. En cuanto tal, un cuestionario modelado a partir de la encuesta BUS (Estudios del Uso de Edificios; "Building Use Studies", en inglés)[6] fue distribuido entre los empleados. La encuesta pedía a estos que puntuaran su satisfacción con la calidad ambiental de la oficina, así como otros aspectos de confort mental a través de una escala de satisfacción de siete puntos (muy insatisfecho, moderadamente insatisfecho, un poco insatisfecho, neutral, un poco satisfecho, moderadamente satisfecho, muy satisfecho).

En el centro del estudio de Arup estaba el desarrollo de una herramienta web IoT que mostraba lecturas de sensores en tiempo real. La intención era utilizar el estado de los equipos y software de última generación para racionalizar el análisis de datos y las secuencias de acceso, así como habilitar la visualización instantánea (Tarkhan, 2018). Se escribió un guión personalizado para registrar y cargar los datos en intervalos de un minuto. El flujo de datos se conectó a la red interna de Arup, haciéndolo accesible a todos los empleados a través de todas las oficinas de la compañía. Hay actualmente otras cuatro oficinas dentro de Arup que tienen el mismo kit de detección, permitiendo la comparación entre oficinas a través de una única plataforma digital. El algoritmo pretendía mejorar la

---

[6] Para más información: https://www.busmethodology.org.uk/

capacidad analítica de datos de los productos de detección disponibles, mientras proveía una solución asequible a la utilización masiva. Podemos ver el tablón de datos en la Figura 3.4.

Figura 3.4 Vista previa del panel de la herramienta web en línea

Notas:

- Muestra (de izquierda a derecha): Fila 1: temperatura, humedad relativa e iluminancia; Fila 2: sonido, movimiento y partículas; Fila 3: dióxido de carbono y compuestos orgánicos volátiles
- © Arup

Para ayudar al lector a entender los datos obtenidos de este análisis, mostramos un extracto de los resultados en la Figura 3.5. Los niveles de iluminación y CO_2 fueron monitorizados por un periodo de tres días consecutivos en cada lugar de la oficina. Se analizaron un total de cinco ubicaciones: el espacio de la cocina, una sala de reuniones y tres áreas de trabajo. Los resultados presentan tanto las lecturas cuantitativas del sensor y los resultados de la encuesta.

Calidad del Aire

Las lecturas del detector de CO_2 expuestos en la Figura 3.5 muestran juntas las lecturas de la antigua y la nueva oficina, donde podemos observar las variaciones estadísticas durante las horas de trabajo ocupadas (8 am a 6 pm). De acuerdo con el Departamento de Salud Pública de Illinois (Illinois Department of Public Health), la concentración media de CO_2 recomendable para ambientes de interior es de 800ppm. Los niveles por encima de los 1.000 ppm pueden provocar efectos perjudiciales para la salud. Los resultados muestran que los niveles de CO_2 generalmente se mantuvieron por debajo de los 800ppm. De media, los niveles más altos se registraron en la nueva oficina más que en la antigua. Había tres explicaciones plausibles para esta diferencia. La ausencia de un economizador de aire exterior en el nuevo edificio limitó la entrada de aire fresco, lo que provocó una eliminación más lenta de CO_2. Además, la nueva oficina presentó una reducción de alrededor del 20% de área de trabajo por empleado, que significa que la densidad de ocupación aumentó. Finalmente, otro factor que contribuyó fue la infiltración por la fachada. La antigua oficina tenía una fachada menos hermética y permitía que entrara más el aire a través de las juntas de las ventanas.

Figura 3.5 Mediciones de CO_2 en oficinas nuevas y antiguas durante un día laborable

Comparación de CO_2 8am-6pm

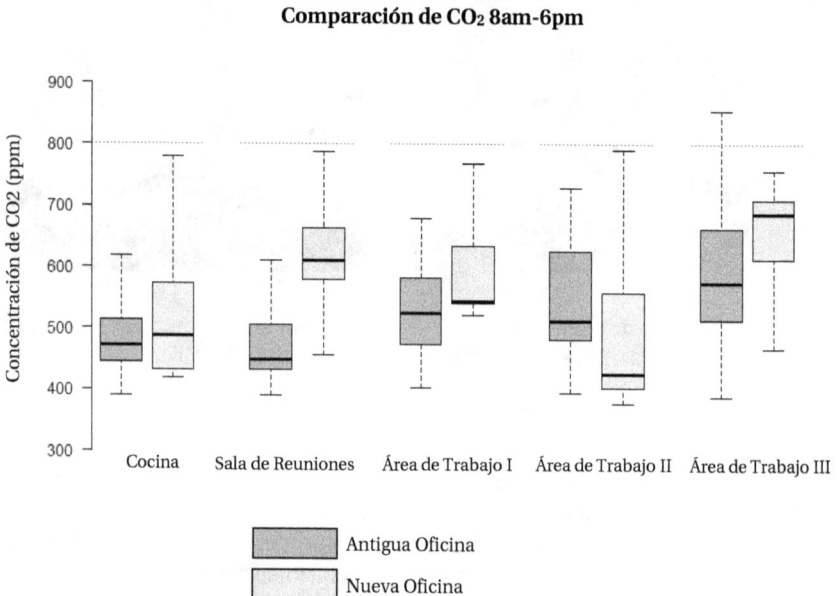

Notas:

* © Arup

A pesar de las correlaciones expuestas en estas medidas, los resultados de la mencionada encuesta muestran que el 72% del personal afirmaba mostrarse satisfecho con la calidad del aire, comparado con el 13% de la antigua oficina. La discrepancia entre los resultados medidos y las respuestas de la encuesta plantea una serie de preguntas interesantes sobre la percepción de los ocupantes. Las posibles explicaciones incluyen la percepción psicológica de un nuevo espacio de oficina y el hecho de que las mediciones no superaron el umbral máximo de 1000 ppm (y, por lo tanto, es posible que las diferencias no hubiesen sido demasiado notables).

Iluminación

Las medidas de iluminación indicaron una mejora significativa de la oficina nueva con respecto a la antigua. La nueva oficina había sido diseñada con un sistema de iluminación circadiano ajustable que cambiaba la temperatura de color a lo largo del día para alinearse con el sol y el reloj astronómico (véase la Figura 3.6). Se puede ver la operación diaria en la Figura 6. Para captar los niveles de iluminación y los datos del espectro se utilizó una nueva métrica, conocida como EML (Equivalent Melanopic Lux). Los niveles recomendados por el estándar WELL Building son 200 EML para el 75% de las estaciones de trabajo. Los resultados de las medidas in situ mostraron que el 75% de las estaciones de trabajo de la nueva oficina satisfacían esta exigencia, al contrario que la antigua, que era de un 54% (véase la Figura 3.7). Todas las medidas fueron tomadas entre las 9 am y las 1 pm y mostraban que algunas estaciones de trabajo asentadas más profundamente sobre el nivel del suelo no cumplían con los requisitos prescritos para el nivel de iluminación. En referencia a los niveles de satisfacción de los ocupantes registrados, el 75% de los empleados informó que el entorno de iluminación era cómodo, en comparación con el 42% en la oficina anterior. Otro importante factor para considerar al analizar la iluminación en el espacio es el deslumbramiento, que puede ser causado por demasiada luz natural y contraste en la escena. El 81% del personal informó estar satisfecho con los niveles de deslumbramiento en las estaciones de trabajo de la nueva oficina, en comparación con el 51% de la oficina anterior.

Figura 3.6 Operación diaria de iluminación circadiana

Temperatura de Color
para el Mediodía
establecida en 5000°K

Temperatura de Color
para la Tarde
establecida en 3000°K

Notas:

- © Arup

Figura 3.7 Mediciones de lux melanótica equivalente (EML) de iluminación durante un día laborable

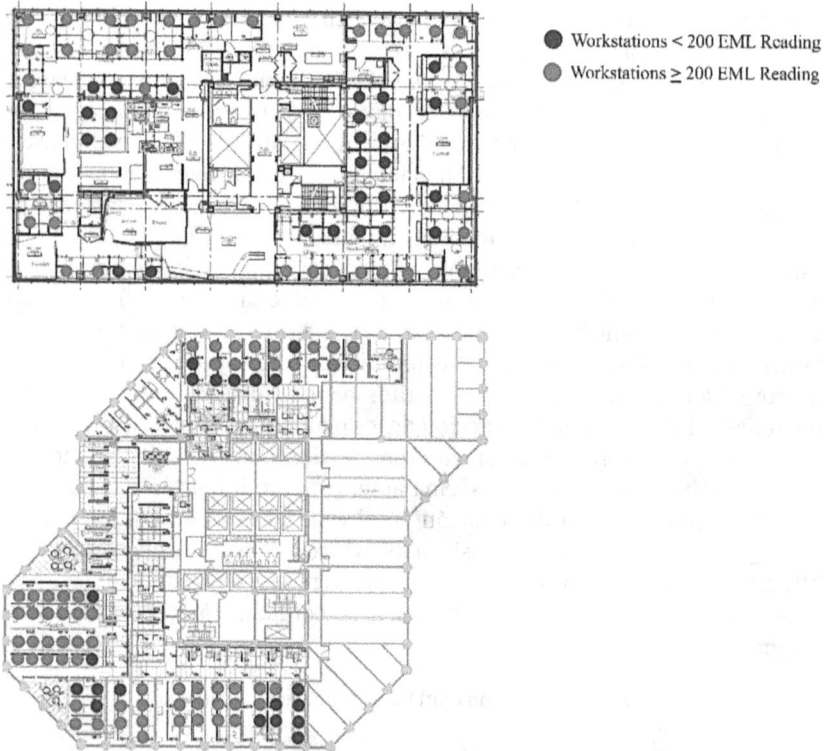

● Workstations < 200 EML Reading
◐ Workstations ≥ 200 EML Reading

Notas:
- © Arup
- (Arriba) antigua oficina, (abajo) nueva oficina

Evaluación del marco de detección

Como se planteó en la sección anterior, la tecnología de detección de Arup permitió comprender el rendimiento físico de sus oficinas. Además de esto, el proceso de monitorización espacial ayudó a que se le otorgara la certificación WELL. Un paso clave para certificar un proyecto es la Verificación del Rendimiento[7], que implica que los evaluadores WELL visiten un espacio de oficina y realicen mediciones in situ para validar el cumplimiento de los

---

[7] Para más información: https://www.wellcertified.com/en/articles/get-know-well-what-performance-verification

estándares recomendados, como el ASHRAE 55 para la comodidad (ASHRAE, 2017). Este proceso cubre un conjunto de parámetros ambientales similares a los registrados por el kit de detección. Una vez realizado el análisis por adelantado, la oficina de Arup en Boston puede ajustar las variables de diseño (cuando sea posible) e incorporar la retroalimentación para asegurar el cumplimiento de los umbrales requeridos y satisfacer la comodidad de los ocupantes. Aquí, la implicación en el diseño se vuelve más directa, ya que proporciona una vía de retroalimentación que normalmente no estaría disponible en los flujos de trabajo tradicionales de diseño y construcción.

Para ampliar lo anterior, debemos diferenciar entre retroalimentación del diseño y un método de diseño. El segundo representa un proceso, mientras que el primero define un mecanismo útil para evaluar las estrategias implementadas. Esto es bastante imperante, tanto para el análisis escalar en cuestión como para identificar las contribuciones al discurso sostenible, y la magnitud de la influencia en el diseño. En otro estudio, centrado en el análisis POE de veinte edificios federales, los autores señalan que los entornos de trabajo de hoy "deben anticipar altos niveles de cambio espacial y tecnológico, y proporcionar sistemas adaptables de suministro térmico y de aire de calidad" (Choi et al., 2012). La actualización gradual y receptiva de los sistemas de los edificios a lo largo del tiempo permite la adaptabilidad espacial y un mayor grado de satisfacción de los ocupantes. A la luz de esta adaptación requerida, los sensores deben continuar monitorizando y proporcionando retroalimentación para ayudar a la evolución del diseño a lo largo del tiempo. Como tal, los métodos de recopilación de datos deben avanzar para mantenerse al día con respecto a las crecientes velocidades de procesamiento de la información e interfaz del usuario.

Otro factor importante a la hora de emprender estudios como el anterior es el grado de metodología científica y rigor aplicado. Hay una multitud de variables involucradas en esto, entre las que se incluyen el establecimiento de los esquemas de muestreo apropiados y la formulación de preguntas precisas, así como la coordinación de la configuración experimental y los flujos de datos. La precisión de los datos obtenidos depende en gran medida del perfeccionamiento del proceso de detección mediante el cual se obtienen las mediciones. También es importante señalar que los marcos experimentales y metodológicos no son de una talla única por naturaleza. En el caso de la oficina de Arup Boston, se llevó a cabo una evaluación posterior a la ocupación y un análisis de alto nivel para comprender las diferencias de IEQ y las percepciones generales de los empleados. Si el análisis estuviese más preocupado por el rendimiento de la envolvente o las operaciones del sistema, necesitaríamos implementar una multitud de sensores que se montasen en diferentes alturas y ubicaciones. El período de seguimiento también tendría que alargarse para capturar las operaciones estacionales y diurnas. En resumen, las escalas digital, temporal y espacial deberían ajustarse para abordar un conjunto diferente de consultas.

Sobre el potencial de escalabilidad, encontramos que varios estudios de POE se han alejado de abarcar solo edificios singulares para abarcar ahora conjuntos de proyectos o bases de datos completas de edificios. En este contexto, la extracción de conclusiones y paralelos debe realizarse con precaución, ya que estandarizar las condiciones se convierte en un desafío mayor. Por ejemplo, al sacar conclusiones sobre un conjunto más grande de edificios de un portafolio, las diferencias en las funciones del edificio, los sistemas instalados, la construcción y el uso de combustible pueden dificultar las comparaciones. Los datos obtenidos de un edificio de oficinas no se pueden comparar con un edificio residencial, ya que la ocupación y un conjunto completo de atributos de diseño serían distintos. En resumen, los datos obtenidos en un portafolio de edificios deben incorporar procesos metodológicos que tengan en cuenta esto y obtengan resultados sólidos y comparables. Estas tensiones, entre los (micro)datos locales y los (macro)datos del portafolio, pueden ser mediadas por técnicas de normalización tecnológica, como la agrupación y el muestreo de datos basados en similitudes en el diseño, o el uso de análisis estadísticos para identificar valores atípicos. En última instancia, la importancia de los métodos de análisis adecuados se magnifica en el caso de proyectos de portafolio más grandes.

LO TECNOGÉNICO

Una vez identificados los factores y determinantes que impulsan la relación entre la tecnología y las ideologías ecológicas actuales que definen el campo del diseño sostenible, llegamos a un punto de convergencia discursiva. Esta convergencia introduce el paso final del análisis escalar, que analiza un producto o solución (lo tecnogénico) y reflexiona sobre los órdenes de magnitud discutidos. Fundamentalmente, lo tecnogénico puede verse como un subproducto de cada paso del análisis escalar, donde se presenta un resultado tecnológico. La persistencia de lo tecnogénico, sin embargo, se define bajo la interacción de tres órdenes principales: responsabilidad y preocupaciones tecnológicas, entornos éticos y cumplimiento institucional.

Responsabilidad y preocupaciones tecnológicas

Quizás uno de los temas más discutidos en torno a la sostenibilidad y el poder de la tecnología es la responsabilidad. El proceso de actualización de datos y su paso a información puede seguir muchos caminos, incluidos aquellos en los que el cuestionamiento de estos datos debe conducir a resultados procesables (Hensel, 2017). Los resultados que obtenemos de estos procesos no siempre están libres de fallos o discrepancias, y debemos ser conscientes de los enfoques que adoptamos para la gestión de datos. Deben establecerse marcos concisos en algún lugar donde la detección de fallos sea coherente con el terreno tecnológico.

Ante esto, debemos desconfiar de lo tecnogénico, o de los posibles resultados de una disciplina que se apoya excesivamente en paradigmas tecnológicos emergentes. La ayuda a una operación bajo análisis escalar (como se destacó anteriormente en este capítulo) se muestra en la narrativa y los estudios de casos mencionados donde los datos operativos han contribuido a la mejora del bienestar, detección de sensores de anomalías en el rendimiento del edificio y mejora general de los ambientes interiores. El nivel de detalle en los datos medidos por estas tecnologías está evolucionando rápidamente y nos brinda nuevas posibilidades. Si, por otro lado, tales métodos de evaluación se convierten en la definición de bienestar, pueden cambiar el discurso en direcciones más obstinadas. Tener redes de detección avanzadas en algún lugar no garantiza la precisión de los datos o los bienintencionados motivos que pretenden impulsar el campo hacia adelante. Del mismo modo, tener las intenciones correctas y el marco incorrecto no conduce a resultados progresivos. Hensel advierte de esto en sus escritos sobre el "Loci of Disruptiveness", al reflexionar sobre el "*Tecnoceno* [énfasis añadido]". Afirma que el uso contemporáneo de la tecnología en la arquitectura está dominado por productos desarrollados más para el espectáculo que para el bien público. Por tanto, el desarrollo de códigos institucionales es clave para moderar estas relaciones entre emergencia tecnológica e industria, y garantizar que los científicos, ingenieros, arquitectos y propietarios de edificios cumplan en última instancia con los estándares establecidos.

Lo que hemos visto en algunas historias más complejas es una preocupación por ciertos modos de resultados tecnogénicos. En sus escritos sobre la historia de la energía y los aislantes, Moe (2014) describe una preocupación por el uso con valores R[8] y aislamiento para lograr la eficiencia energética en el diseño de edificios. El aislamiento, afirma, no media entre el edificio y su entorno, sino que lo aísla de las oportunidades externas y la integración. Él rastrea los avances científicos que identifica con la refrigeración y la persistencia de una narrativa que ha dominado el diseño de la envolvente térmica de los edificios, aunque los entornos internos rara vez operen en

---

[8] El valor R es una medida que se enfoca en lo bien que puede resistir una barrera en 3D el flujo conductivo del calor.

condiciones de estado estacionario (como en el caso de las aplicaciones de refrigeración). La transferencia de tecnología desde la teoría térmica desarrollada para la refrigeración de edificios, como en este ejemplo, no reconoce las necesidades fisiológicas de estos y la naturaleza de sus entornos transitorios internos. Lo que aprendemos de este precedente es que la tecnología tomada o reutilizada puede acabar en una adaptación corta de miras, o en un resultado menos que ideal. No somos inmunes a la persistencia y las no coincidentes aplicaciones cuando hablamos de tecnología de sensores y su integración en nuestras soluciones de diseño. Debemos tener cuidado con el exceso de confianza en la detección y la automatización de edificios.

Ambiente ético

Otro tema a considerar es la progresión de las redes de sensores sensibles y su uso más allá del campo del diseño ambiental. Es imperativo comprender mejor las metodologías y los marcos científicos que garantizan que la investigación basada en los ocupantes se lleve a cabo de manera científica y ética. La adquisición de datos se ha convertido en un lugar común en muchos campos e industrias y ha abierto una gran cantidad de cuestiones éticas y culturales sobre la naturaleza de los datos. En este capítulo, hemos analizamos y reflexionado sobre los sensores y las respuestas gestionadas por sensores que son específicas de la calidad ambiental interior. Hay muchos otros tipos de sensores que realizan otras tareas, como el seguimiento de la ocupación y la utilización del espacio. Además de esto, la tecnología de sensores portátiles expone a los usuarios a amenazas sin precedentes que implican la adquisición ilegal de datos y lesión de la privacidad. Las implicaciones fruto de las técnicas avanzadas de supervisión de edificios y la hiperconexión deben gestionarse de forma adecuada. Los macrodatos tienen la capacidad de ayudar a formular nuevos métodos de diseño y vías de retroalimentación, pero la cuestión fundamental es ¿quién tendrá la oportunidad de beneficiarse de los datos recopilados? Las preocupaciones éticas asociadas también dan lugar a preguntas como: *¿cómo debemos navegar entonces a través de esta frontera tecnológica?* y *¿cómo se deben delimitar o controlar los datos?*

Algunas estrategias que se han empleado incluyen el uso de plataformas de procesamiento de datos completamente encriptadas, el uso de sensores completamente probados, seguros y confiables, y la transparencia sobre para qué se utilizarán los datos (Hensel, 2017). Si bien estas estrategias ayudan a mediar en los problemas de privacidad, no están completamente libres de preocupaciones. Se pueden proteger los datos individuales del acceso a estos por parte de terceros, pero hallazgos adicionales en base a estos pueden permanecer abiertos al público. Para contrarrestar esto, las leyes de gobernanza de datos se han ampliado para adoptar cláusulas en las que el usuario tiene el derecho de restringir u objetar el uso de sus datos en ciertos estudios. Además de esto, los usuarios han llegado a considerarse como meras bases de datos, que los servicios de análisis de terceras partes solo pueden procesar y luego liberar. Los riesgos en los que se deben centrar las futuras tecnologías son la protección de la privacidad en la computación en la nube, donde los datos se almacenan en múltiples ubicaciones de red.

Cumplimiento institucional

La potenciación tecnológica no puede existir fuera de un análisis de los impulsores institucionales. El impulso de la demanda y la tecnología son superficiales caracterizaciones de un sistema mucho más complejo. Las instituciones de diseño y legislativas ejercen control sobre el entorno construido, y sus mandatos toman la forma de códigos de construcción, estándares y certificaciones que reflejan las limitaciones del mercado y los objetivos de las partes interesadas. El objetivo final es avanzar en el campo de la sostenibilidad.

Además, seguir un enfoque basado en listas de verificación para el diseño plantea cuestiones ontológicas fundamentales. ¿Debería definirse, avanzarse y reutilizarse la disciplina según las reglas y requisitos de las certificaciones y los estándares? Es evidente que la agenda tecnoambiental debe preocuparse más por los factores sociales, contextuales y económicos para ser verdaderamente sostenible y sobrevivir a los nuevos paradigmas de preocupación (Lützkendorf & Lorenz, 2006). En última instancia, la arquitectura sostenible debería luchar por la equidad social, la integración contextual y otros valores superiores, que a veces pueden ser difíciles de tener en cuenta en las listas de verificación. De acuerdo con esto, el objetivo de la disciplina pasa a ser el prescribir un conjunto de recomendaciones de diseño que puedan lograr un futuro para la diversidad entre los ocupantes y sus usos, y adaptarse según sea necesario.

Parámetros no escalables

Es importante comprender las obligaciones que incorporan las diversas tecnologías de detección. El examen de los modelos basados en la investigación y práctica proporciona una idea de cómo se ha producido la adopción tecnológica en el pasado, y nos da una idea de la dirección de los avances contemporáneos. Los métodos, tecnologías, narrativas y ejemplos señalados en este texto no son exhaustivos, ni abarcan todos los paradigmas tecnológicos que presenciamos en el entorno construido hoy día. Más bien, tienen la intención de aprovechar las conexiones que están en desarrollo y que tienen la intención de abordar los flujos de preocupaciones ecológicas. Si bien algunas áreas de la sostenibilidad de la construcción se han visto afectadas por los avances tecnológicos, es importante reiterar que el grado de adopción tecnológica no debe equivaler a definir el campo.

En última instancia, la persistencia de las tecnologías de detección se remonta a la persistencia de discursos emergentes como el bienestar, el argumento económico para la implementación de estrategias emergentes de sostenibilidad, y la disposición del mercado para adoptar estas prácticas. La interacción más profunda de preocupaciones éticas, responsabilidad y mandatos institucionales rige la voluntad de adopción y la integración en el diseño. Si bien estos parámetros se han identificado como órdenes bajo un análisis a mayor escala, constitutivamente hay otras influencias que pueden no ser directamente escalables. El poder de la tecnología para lograr un cambio de comportamiento es otro aspecto de la automatización que merece un análisis en profundidad. Además de esto, este capítulo se centra en la evaluación tecnogénica pero no en el refinamiento de las métricas pedagógicas y la necesidad de formular mejores preguntas, que es un desafío al que la próxima generación de adopción tecnológica debe enfrentarse para alcanzar ideales arquitectónicos más elevados.

El análisis escalar cubierto en este capítulo ha presentado un conjunto de parámetros que abarcan los vínculos entre los sistemas de respuesta tecnológica, las influencias externas, y las innovaciones emergentes. Sobre las magnitudes relativas de la influencia en el campo del diseño sostenible, se examinó el debate sobre la eficiencia energética, el bienestar y la interacción entre el aumento de las certificaciones y las innovaciones de la industria. Aquí se estableció que hay varias subescalas que operan entre los reinos digital (tecnología de sensores), físico (espacios ocupados) y temporal (línea de tiempo de desarrollo). El paso final incorporó la resolución de este análisis escalar a través de una evaluación de la persistencia y las esferas de influencia discutidas. La persistencia final de lo tecnológico y lo tecnogénico mira hacia el refinamiento idealista de metas, métricas y trayectoria de desarrollo. En última instancia, el campo del diseño sostenible está en constante cambio y ha incorporado varias preocupaciones emergentes que han impactado la forma en que se practica y se realiza la arquitectura. Es evidente que la esfera de interés del diseño se ha expandido para abarcar un conjunto más amplio de fenómenos que han enriquecido el discurso, y lo han abierto a riesgos, volatilidad y compromiso.

REFERENCIAS

Allen, J. G., MacNaughton, P., Laurent, J. G. C., Flanigan, S. S., Eitland, E. S., & Spengler, J. D. (2015). Green Buildings and Health. *Current Environmental Health Reports, 2*(3), 250–258. https://doi.org/10.1007/s40572-015-0063-y

ASHRAE. (2017). *ASHRAE/ANSI Standard 55-2017 Thermal environmental conditions for human occupancy.* American Society of Heating, Refrigerating, and Air-Conditioning Engineers.

ASHRAE. (2019). *ANSI/ASHRAE Standard 62.1-2019 Ventilation for Acceptable Indoor Air Quality.* American Society of Heating, Refrigerating and Air-Conditioning Engineers.

Choi, J.-H., Loftness, V., & Aziz, A. (2012). Post-occupancy evaluation of 20 office buildings as basis for future IEQ standards and guidelines. *Energy and Buildings, 46,* 167–175. https://doi.org/10.1016/j.enbuild.2011.08.009

Dosi, G. (1981). *Transmission Mechanisms of Technical Change. Adjustment Problems and Their International Implications.* SERC, University of Sussex.

Dosi, G. (1982). Technological paradigms and technological trajectories. *Research Policy, 11*(3), 147–162. https://doi.org/10.1016/0048-7333(82)90016-6

Dubois, D., Hájek, P., & Prade, H. (2000). Knowledge-Driven versus Data-Driven Logics. *Journal of Logic, Language and Information, 9*(1), 65–89. https://doi.org/10.1023/A:1008370109997

Hensel, M. U. (2017). Loci of Disruptiveness: Reflections on Ethics at the Dawn of the Technocene. *Technology|Architecture + Design, 1*(1), 6–8. https://doi.org/10.1080/24751448.2017.1292786

Heschong Mahone Group Inc. (2003). Windows and Offices: A Study of Office Workers' Performance and the Indoor Environments. California Energy Commission Technical Report.

Hung, M. (Ed.). (2017). *Leading the IoT.* Gartner Inc. https://www.gartner.com/imagesrv/books/iot/iotEbook_digital.pdf

JLL. (2014). Perspectives on Workplace Sustainability. Obtenido de http://www.us.jll.com/united-states/en-us/Documents/Workplace/green-productive-workplace-perspective.pdf

Linder, L., Vionnet, D., Bacher, J.-P., & Hennebert, J. (2017). Big Building Data - a Big Data Platform for Smart Buildings. *Energy Procedia, 122,* 589–594. https://doi.org/10.1016/j.egypro.2017.07.354

Loftness, V., Aziz, A., Choi, J., Kampschroer, K., Powell, K., Atkinson, M., & Heerwagen, J. (2009). The value of post-occupancy evaluation for building occupants and facility managers. *Intelligent Buildings International, 1*(4), 249–268. https://doi.org/10.3763/inbi.2009.SI04/splitsection3

Lützkendorf, T., & Lorenz, D. P. (2006). Using an integrated performance approach in building assessment tools. *Building Research & Information, 34*(4), 334–356. https://doi.org/10.1080/09613210600672914

Moe, K. (2014). *Insulating Modernism Isolated and Non-Isolated Thermodynamics in Architecture.* Birkhäuser Verlag GmbH.

Preiser, W. F. E., Rabinowitz, H. Z., & White, E. T. (1988). *Post-Occupancy Evaluation.* Van Nostrand Reinhold.

Rubin, A. I., & Elder, J. (1980). Building for people behavioral research approaches and directions. U.S. Dept. of Commerce, National Bureau of Standards.

Scardigno, N. (2014). Toward an A Priori Sustainable Architecture. *Arts, 3*(1), 15–26. https://doi.org/10.3390/arts3010015

Tarkhan, N. (2018). The Development of an Indoor Environmental Monitoring Framework for Post-Occupancy Evaluation using Real-Time Web Tools. *Unpublished manuscript*, IBPSA.

U.S. Environmental Protection Agency (1989). *Report to Congress on indoor air quality.* Volume 2. EPA/400/1-89/001C.

Wallace, L. A. (1993). Response to total exposure assessment methodology (TEAM) study by rosebrook and worm. *Environment International, 19*(3), 303–306. https://doi.org/10.1016/0160-4120(93)90092-V

Webb, A. R. (2006). Considerations for lighting in the built environment: Non-visual effects of light. *Energy and Buildings, 38*(7), 721–727. https://doi.org/10.10 16/j.enbuild.2006.03.004

World Green Building Council (2014). *Health, Wellbeing & Productivity in Offices.* Obtenido de: www.ukgbc.org/sites/default/files/Health%2520Wellbeing%2520 and%2520Productivity

Zarzycki, A. (2018). Describe, Explain, and Predict. *Technology|Architecture + Design, 2*(1), 1–1. https://doi.org/10.1080/24751448.2018.1420955

CAPÍTULO 4

PREFACIO DE LOS EDITORES

Mientras que Tarkhan señala el hecho de que las mediciones y representaciones tecnocientíficas marginan las cuestiones arquitectónicas del diseño de edificios sostenibles, Tom Jefferies y Laura Coucill argumentan que la representación de datos puede, en sí misma, tener la clave para el avance de la arquitectura sostenible. Empiezan su ensayo indicando que, si bien los datos pueden ser objetivos, su representación refuerza los sesgos. Específicamente, apuntan a los datos de diseño sostenible y sus dimensiones humanas, que en muchos casos ignoran la contingencia y el contexto de los datos en sí, así como las idiosincrasias de las personas y lugares que representa. Se hacen eco de la opinión de Tarkhan de que los datos son producto de opciones y tecnologías, y añaden que no se puede suponer que sean imparciales. En lugar de disociar los datos de su contexto y las redes complejas que componen el espacio y sus actores, el ensayo propone explorar medios de representación significativos y culturalmente apropiados que combinen dimensiones cuantitativas y cualitativas. Al explorar diferentes formas de representación relacionadas con la sostenibilidad y la arquitectura sostenible, Jefferies y Coucill indican que, mientras que el diseño basado en datos se ha vuelto cada vez más común (lo que ellos llaman enfoques que lideran el diseño), el enfoque más apropiado sería un enfoque basado en el diseño que no reemplaza el pensamiento crítico por medidas cuantitativas. Destacan que un cambio en la representación del diseño sostenible podría resultar en un cambio de enfoque, desde las métricas impulsadas por la eficiencia hasta el diseño para la eficacia. El ensayo concluye que las características no cuantificables podrían y deberían ser una dimensión importante de la arquitectura sostenible.

Reconociendo la efectividad
en el diseño sostenible

Tom Jefferies

Universidad Queen's, Belfast, Reino Unido

Laura Coucill

Universidad Queen's, Belfast, Reino Unido

INTRODUCCIÓN

La eficiencia en el diseño sostenible se centra en la prevención de riesgos calculados y diagnosticados. Se trata de lograr mejoras materiales mensurables, sin considerar necesariamente sus riesgos sociales, espaciales, políticos y ambientales más amplios. La eficacia se basa en los resultados y puede requerir hacer las cosas de manera diferente o no convencional. Requiere juicio más allá de métricas y escalas.

Las cantidades crecientes de datos, que sustentan los objetivos impulsados por la eficiencia en el diseño sostenible, están cada vez más desconectados de la experiencia vivida del espacio y el lugar. La sostenibilidad expone esto, particularmente a través de las diferencias en cómo se captura y representa global y universalmente, así en cómo se manifiesta a escalas locales y particulares. El diseño de arquitectura e infraestructura sostenible, por lo tanto, exige una reevaluación, con la intención de establecer enfoques para lograr la eficacia en una variedad de escalas.

Aquí, revisamos las implicaciones escalares del evaluar las métricas de desempeño local para la sostenibilidad, con un enfoque en cómo la eficiencia a escalas locales y particulares podría no ofrecer resultados sostenibles efectivos en espacios más amplios. El trabajo reconoce la relación entre el espacio y los constructos de la sociedad y la economía, como una característica significativa de la forma en que se demarcan las escalas espaciales, que, en los sistemas actuales, impulsados por la eficiencia, parece estar desconectada de las métricas que guían la evaluación del espacio sostenible. El resultado es que la eficiencia solo puede aplicarse a escalas espaciales claramente definidas, que suelen ser pequeñas, limitadas y controladas (Figura 4.1). El trabajo también explora por qué el crecimiento en la producción, captación y procesamiento de datos, que permite la evaluación del espacio sostenible a través de un mayor conjunto de métricas, aún no necesariamente produce resultados sostenibles en todas las escalas, debido a la especificidad con la que se recopilan los datos y los limitados marcos dentro de los cuales se evalúa.

Figura 4.1 Visualizando la compleja relación entre los datos y el espacio para demostrar las limitaciones de los enfoques basados en la eficiencia para el diseño sostenible

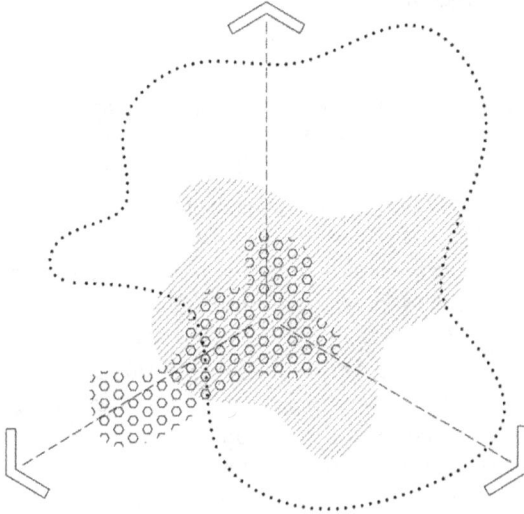

Notas:

- las escalas espaciales son inconsistentes, se superponen y se ven afectadas por múltiples factores. Los constructos convencionales de sostenibilidad de Venn y pilares basados en el equilibrio no tienen esto en cuenta. En consecuencia, los enfoques impulsados por la eficiencia tienen una capacidad limitada para responder a la escala espacial y los comportamientos socioculturales que influyen en ella.

En el contexto de la sostenibilidad, desafíos espaciales como este exigen enfoques de diseño y análisis multicapa y transversales, que permitan la creación de condiciones ambientales previas para respaldar un comportamiento y rendimiento sostenibles efectivos en una variedad de escalas. La consideración de la dinámica espacial y las complejas relaciones que trascienden los límites espaciales, asi como las categorías y los comportamientos son necesarios en esta reevaluación de los enfoques del diseño sostenible. Este capítulo informa sobre enfoques dirigidos por el diseño que destacan el análisis culturalmente sensible, en contraste con los resultados líderes en el diseño de metodologías impulsadas por la eficiencia. Este tipo de análisis ha demostrado ser un punto de partida para reconocer la complejidad escalar y los constructos sociales y culturales que la afectan. Un resultado de un enfoque culturalmente receptivo podría ser la identificación de las condiciones adecuadas para convertir la latencia en una oportunidad. El primer paso en esta transición requiere un alejamiento conceptual desde las definiciones de sostenibilidad que dan prioridad a la eficiencia hasta aquellas que la dan a la efectividad.

El análisis culturalmente sensible nos permite evaluar las condiciones espaciales existentes y futuras. Al hacerlo, también nos permite comprender el valor de las infraestructuras "perdidas", no simplemente como ausencias, sino como una laguna para la oportuna introducción de capacidad para facilitar el beneficio social.

Este capítulo explora, presenta y discute varios enfoques dirigidos por el diseño para el análisis culturalmente sensible que ve la arquitectura sostenible como parte de una red compleja de escalas anidadas; incluidas las energías renovables y la configuración urbana. Las tensiones y los conflictos implícitos en la aplicación del diseño impulsado por la eficiencia se exponen y se comparan con enfoques de diseño sostenible efectivos, que abordan condiciones sociales, culturales, económicas y ambientales interconectadas y transversales. Esto resalta que el análisis culturalmente sensible, a diferencia de los modelos de contabilidad ambiental, puede reconocer y materializar la dimensión a menudo intangible de la *efectividad* en el diseño sostenible. Los proyectos discutidos aquí argumentan que la creación de condiciones ambientales previas para apoyar el comportamiento sostenible es fundamental para lograr resultados sostenibles efectivos, y que esto se puede hacer a través del análisis de datos y el mapeo espacial, que ubica la actividad humana en el lugar y la cultura. El análisis culturalmente sensible puede ampliar nuestra comprensión de los límites del espacio urbano al identificar novedosos comportamientos y patrones de uso.

EFICIENCIA: TENSIONES ENTRE ESCALA ESPACIAL Y MÉTRICAS

Existe un gran conjunto de teoría y práctica que intenta describir y representar la sostenibilidad en la arquitectura y el entorno edificado como una idea, reconociéndola como un tipo de objeto formal construido y herramienta tecnológicamente competente. Observar cómo los factores que impulsan el diseño sostenible se integran en los procesos de trabajo de arquitectos y diseñadores expone tensiones entre la teoría y la práctica de la sostenibilidad. Existen más tensiones entre las ideas y las características de las aplicaciones, las realidades locales/particulares y globales/universales del diseño sostenible producidas por prácticas deterministas. Si bien las prácticas deterministas y basadas en objetivos pueden proporcionar resultados medibles con respecto a criterios específicos, su capacidad para responder a las complejas prácticas sociales que se superponen, interactúan y dan forma al entorno físico, son limitadas. El objetivo de producir fuertes superposiciones o, de hecho, convergencias totales de estos temas rara vez se logra, y la tendencia a separarlos y aislarlos da como resultado desconexiones significativas entre la teoría y la práctica de la sostenibilidad. En el centro de esta desconexión está la cuestión de cómo a menudo se define y se aborda la sostenibilidad, como una cuestión de rendimiento tecnológico y no como un desafío cultural. Uno de los problemas clave de la sostenibilidad es que su definición y significado pueden cambiar mucho de un intérprete a otro (Coucill, 2013). Esto hace que sea bastante difícil presentar una respuesta única y claramente definida a la pregunta de qué es realmente la sostenibilidad.

Las tensiones surgen cuando los resultados del diseño sostenible impulsado por la eficiencia se sitúan en un contexto más amplio. Esta escala más amplia no solo incluye las condiciones ambientales, sino un paisaje más complejo de comportamientos socioculturales que influyen y dan forma a las condiciones espaciales y el rendimiento. La tecnología se adopta cada vez más como una herramienta de respuesta en este contexto; una que sea capaz de capturar y procesar datos de mayor calidad con la intención de formar respuestas sensibles a las condiciones de medida en que surgen. Sin embargo, ¿la creciente complejidad de las métricas y los datos realmente representa una experiencia vivida o responde a comportamientos culturalmente arraigados?

Integrando la sostenibilidad en los procesos de diseño

La sostenibilidad es un principio básico establecido de la práctica del entorno arquitectónico y construido. Está reconocido en leyes y tratados nacionales e internacionales y se manifiesta en criterios de calificación profesional para arquitectos. Al determinar qué significa la sostenibilidad en el entorno construido, se da preferencia a los enfoques basados en métricas para auditar espacios (ya sean internos o externos), que están impulsados por marcos de evaluación generales, como los LEED o BREEAM. Estos métodos se centran predominantemente en la eficiencia del rendimiento y se han incorporado como etapas clave de los procesos de trabajo relacionados con el diseño y la realización de la forma construida (Gunder, 2006), desplazándolos de su uso previsto como herramientas de evaluación posterior a la realización.

La plena integración de métodos de evaluación del diseño sostenible en los procesos de diseño ha recibido elogios y críticas. Carmona y Dann (2007) y Carmona (2009) señalan un aumento en el apoyo a los códigos suplementarios en la política de planificación. A menudo, estos son códigos específicos de un lugar, escritos con la intención de crear lugares deseables que se puedan mercantilizar. Collado-Ruiz y Ostad-Ahmad-Ghorabi (2010) articulan que la necesidad de abordar temas de sostenibilidad ha llevado a la aplicación incuestionable de objetivos basados en el rendimiento, sin ningún indicio de su eficacia o de cómo se concilian con los procesos de los diseñadores que los formalizan.

Algunos estudios de procesos creativos sugieren que estos objetivos son perjudiciales para el diseño (Clevenger y Haymaker, 2011; Collado-Ruiz y Ostad-Ahmad-Ghorabi, 2010; Ross, 2012). Hay, sin embargo, evidencia tomada desde la perspectiva de la práctica del diseño que sugiere que los procesos impulsados por objetivos pueden ayudar a la toma de decisiones, sirviendo como un lenguaje compartido y un conjunto de objetivos comunes para grupos de profesionales y no profesionales, que trabajan juntos en problemas complejos (Cooper, et al., 2009; Guy & Moore, 2007; Imrie & Street, 2011; Lombardi, et al., 2011). Una descripción más precisa de las implicaciones de los métodos de evaluación de la sostenibilidad para el diseño arquitectónico y del entorno construido sería que son líderes en diseño, en lugar de liderados por el diseño. Esto significa que, en algunas circunstancias, pueden proporcionar una contingencia para que los profesionales justifiquen sus enfoques de diseño (Coucill, 2013).

Eficiencia en sí misma y de sí misma

Es importante reconocer que los enfoques descritos anteriormente son específicos a la escala espacial inmediata del edificio o al paisaje al que se aplican. Sin embargo, la sostenibilidad no se adhiere a los límites definitivos del lugar de los proyectos de construcción de la misma manera que lo hacen los enfoques impulsados por la eficiencia. Esto da lugar a una desconexión entre el espacio y el contexto dinámico. La escala espacial se utiliza para definir un área determinada dentro de la cual actúan múltiples variables interdependientes. A través de enfoques medibles que se centran predominantemente en la eficiencia del desempeño espacial, ya sea a escala de la habitación, edificio, área urbana, ciudad, región o más allá; los métodos de auditoría para el diseño sostenible no reconocen las complejas y dinámicas relaciones entre los espacios y sus implicaciones más allá de los límites definidos.

Los métodos de auditoría para la sostenibilidad se aplican más fácilmente a la escala del edificio, que se caracteriza por variables que se aíslan más fácilmente del complejo entorno social y cultural en el que existe el edificio. La forma más sencilla de conceptualizar esto es imaginando una habitación aislada dentro de un edificio, donde la alineación entre los requisitos de calefacción y refrigeración, y los horarios de ocupación previstos informan las estrategias para la eficiencia energética. Dentro de este espacio, hay un número limitado de variables y actividades que afectan al rendimiento, y al número de posibles cambios que se puede predecir con cierto nivel de certeza, definiendo así el número de posibles resultados y soluciones para la eficiencia en un área determinada, como el consumo de energía. Los edificios, sin embargo, no existen en el vacío. Los espacios que abarcan condiciones urbanas y ambientales complejas implican un número mucho mayor de variables interdependientes. La combinación de condiciones dinámicas e innumerables acciones hace que sea cada vez más difícil aplicar con certeza métricas específicas para el rendimiento. La desconexión de la pequeña escala de cualquier forma de contexto más amplio descuida otros factores que informan sobre el uso, valor y obsolescencia, desplazando potencialmente la eficiencia lograda de forma aislada.

Eficiencia de encuadre

Las fuerzas y tendencias del mercado dan forma a cómo se captura, identifica y reconoce el espacio sostenible a través de las cualidades formales del entorno construido.

La eficiencia de rendimiento también es un paradigma cambiante que, como es de esperar, responde al conocimiento emergente en el campo. Los nuevos métodos, aparatos de medición y avances en la comprensión de las mejores prácticas, ayudan a avanzar en cómo se conceptualiza la cuestión de la escala y el dinamismo. En consecuencia, los métodos de auditoría varían según las tendencias y en base a cómo se seleccionan los objetivos y los criterios de rendimiento. Al reconocer la complejidad del entorno construido como un espacio para la actividad social, las métricas de rendimiento tienen como objetivo cuantificar las condiciones cualitativas a través del compromiso y la comparación. Los parámetros para algunos modelos de evaluación de las pruebas de rendimiento previas y posteriores a la ocupación revelan tensiones entre el diseño previsto y el uso real. La desviación de la dinámica esperada afecta finalmente a las predicciones en las que se basa el rendimiento eficiente. Esto plantea la cuestión de si los usuarios del edificio deben ser informados sobre cómo se utiliza correctamente un espacio, ya que el uso imprevisto podría afectar las métricas de rendimiento de un edificio que cumpla con el código, y conducir a una obsolescencia prematura.

Otras tensiones entre la concepción, el funcionamiento y el rendimiento del espacio sostenible se manifiestan en la forma en que algunos métodos de evaluación permiten el intercambio de créditos entre los puntos de referencia de las categorías para adaptarse a la flexibilidad. Por ejemplo, un diseño puede no cumplir en una categoría pero puede obtener más créditos en una alternativa para compensar (BREEAM New Construction, 2011, págs. 19-27). Esta compensación expone paradojas en las que los edificios que exhiben una sobreproducción espacial significativa aún pueden obtener una puntuación alta en las métricas de sostenibilidad. La Casa del Año RIBA de 2017, de 1400m^2 (Wright & Maxwell, 2017), es un buen ejemplo de esto, ya que habiendo cumplido con el Nivel 6 más alto del Código de Viviendas Sostenibles (un método de evaluación suspendido por el Gobierno en Inglaterra desde 2015) y logrado un Certificado de rendimiento energético con calificación 'A' (un cálculo basado en supuestos materiales para estimar la emisión anual de CO_2 y la energía utilizada por m^2). Lo que esto sugiere es que la articulación de la sostenibilidad ahora se ha abstraído tanto del uso real que casi cualquier edificio que cumpla con los códigos puede considerarse sostenible hasta cierto punto. Un enfoque generalizado de la sostenibilidad basado en auditorías es una extensión de un sistema basado en métricas en el que las mediciones se derivan y clasifican en función de un conjunto conocido de parámetros. Este enfoque cuántico se puede utilizar como marco para puntuar resultados reales y utilizarlo frente a un conjunto limitado de criterios. También establece un contexto en el que un alto rendimiento en un área puede enmascarar o reducir activamente el rendimiento en otra. Esto es inherentemente un producto de evaluar la eficiencia a escalas espaciales aisladas y predefinidas.

Datos en Diseño Impulsado por la Eficiencia

Si el problema con las métricas es que el espacio es dinámico, y áreas más grandes del entorno construido (barrios, pueblos y ciudades) son más difíciles de predecir, entonces la respuesta hasta ahora ha sido capturar una mayor extensión de las variables en juego a través de la integración de tecnología que permite un monitoreo constante de la eficiencia del desempeño. Esta tecnología prevalece cada vez más en todas las escalas y en todos los entornos, desde edificios hasta infraestructura y espacios públicos, operando en forma de sensores, medidores y dispositivos de comunicación en red.

La tecnología distribuida, conectada y habilitada digitalmente captura datos con la capacidad de exponer patrones de interacción social, económica, política y ambiental con el mundo físico, ofreciendo oportunidades para procesar, evaluar y reaccionar a las condiciones imperantes. Algunos argumentan que el análisis en tiempo real de este *big data* permite "nuevos modos de gobernanza urbana y proporciona la materia prima para visualizar y promulgar ciudades más eficientes, sostenibles, competitivas, productivas, abiertas y transparentes" (Kitchin, 2014, p. 1). Se cree que la producción de datos ahora generalizada supera potencialmente los desafíos de responder a los cambios perpetuos de uso del entorno construido.

Sin embargo, conjuntos de datos vastos y múltiples no son benignos ni objetivos y pueden tener una capacidad limitada para responder a algunas de las complejidades más sutiles, sociales y culturales de la producción de espacios sostenibles. La captura de datos puede enfatizar las "interacciones a microescala entre la arquitectura y el comportamiento humano" y puede producir "la interpretación determinista de las relaciones entre las personas y el medio ambiente" (Knox, 2007, págs. 114-115; Gutman et al., 2010).[1]

---

[1] Véase también (Saint, 1983)

El acceso a los datos y la facilidad de generar mayores cantidades de datos a partir de fuentes más precisas ofrece oportunidades para tomar mejores decisiones para el desarrollo sostenible. La producción de datos también se presenta como una oportunidad más equitativa para participar y participar en la formulación de políticas y decisiones de planificación que afectan al ámbito público. Esto parece ser una mejora en las estrategias pasadas donde la información estaba protegida y las decisiones estaban controladas por una élite (Batty et al., 2012). Sin embargo, aunque el acceso abierto a los datos es cada vez más posible y se considera ventajoso como parte del proceso de diseño, no existe un enfoque universal para interactuar con ellos, y los ciudadanos están abiertos a participar en capacidades pasivas y activas. Por tanto, no necesariamente logra una toma de decisiones más democrática o equitativa. Se puede argumentar que ahora es simplemente una élite alternativa la que controla los datos: con grandes compañías impulsando la integración de la tecnología en la sociedad contemporánea.

Es importante reconocer que los datos existen como consecuencia "de las ideas, técnicas, tecnologías, de las personas y contextos que los conciben, producen, procesan, gestionan, analizan y almacenan" (Kitchin, 2014, p. 8, siguiendo a Bowker y Star 1999; Lauriault, 2012; Ribes y Jackson, 2013). Los datos son un "producto de elecciones y limitaciones, moldeados por un sistema de pensamiento, conocimientos técnicos, opinión pública y política, consideraciones éticas, el entorno regulatorio y la financiación y los recursos" (Kitchin, 2014, p. 9) y no no siempre se tienen en cuenta los valores e intereses que sustentan (Kitchin, 2014). La suposición de que los datos son imparciales ignora la contingencia y el contexto de los datos en sí, así como las idiosincrasias de las personas y los lugares que representan.

Cantidades Crecientes de Datos

La representación de datos y la transferibilidad de hallazgos a diferentes contextos pueden ser igualmente problemáticos. Los patrones se pueden ocultar fácilmente mediante una selección cuidadosa y el aislamiento de datos, y la aplicación universal de los hallazgos derivados de esta manera presenta un desafío para la identidad local/particular. Por un lado, a escala local/particular, esto podría indicar un movimiento hacia una igualdad espacial que trasciende los sistemas convencionales de valor de la tierra. Por otro, sin embargo, la suavidad del espacio digital, libre de las implicaciones de las fronteras, el terreno, la topografía o la distancia, podría representar un paso más hacia la homogeneización del espacio físico.

La premisa de que los datos y la tecnología pueden generar cualidades adaptables y receptivas a través de capas digitales ha atraído el apodo de *Smart* y ha llevado a la idea de que la sostenibilidad y la inteligencia son cada vez más sinónimos (Garau y Pavan, 2018). Sin embargo, en circunstancias tan complejas, es inevitable cierto nivel de compromiso. de Jong et al. (2015) señalan que la diferencia entre iniciativas esotéricas, métodos de auditoría y definiciones de diseño sostenible indican qué compensaciones son más probables. Algunos autores sostienen que el espacio "(…) solo puede ser inteligente si existen funciones de inteligencia que sean capaces de integrar y sintetizar estos datos con algún propósito [como] formas de mejorar la eficiencia, equidad, sostenibilidad y calidad de vida en las ciudades" (Batty et al. 2012). Sin considerar relaciones más amplias, la capacidad de la tecnología para adaptarse y responder está limitada por la selección de datos, los métodos de análisis y la respuesta preprogramada, lo que refuerza la dependencia de las métricas de desempeño. Un ejemplo obvio de esta desconexión es la capacidad limitada de las métricas para describir eficazmente las condiciones espaciales. Esto se puede ver en cómo las hojas de cálculo de datos no representan visualmente el carácter espacial predominante que pretenden describir.

Smartness: Ampliando la desconexión con el lugar

Está claro que la infraestructura digital se está entretejiendo completamente con el entorno físico construido y que la integración de esta tecnología en el espacio urbano está produciendo entornos novedosos, sustancialmente diferentes de todo lo que hemos experimentado anteriormente. (Batty, et al., 2012, p. 482) El contraste entre la calidad efímera de los datos digitales y la tangibilidad del espacio real crea una tensión entre los entornos físicos y virtuales. La respuesta diseñada a las redes y flujos intangibles requiere la ubicación cultural de lo digital y lo virtual para permitir su encuadre efectivo por el espacio y la arquitectura diseñados.

Las tensiones identificadas anteriormente exponen que el discurso actual sobre la sostenibilidad está dominado por estrategias tecnocéntricas y de gobernanza, con una falta de reflexión sobre el papel del diseño y la relación entre las redes digitales y el espacio físico. Abarcando múltiples niveles y escalas, en el centro de la agenda está lograr la eficiencia en las funciones de rutina, como el uso de energía, y los componentes y sistemas de infraestructura, como los edificios y las redes de transporte.

Sin embargo, las métricas de desempeño parecen ser miopes en su enfoque para establecer lugares culturalmente receptivos a largo plazo y reducir la obsolescencia. Esto se debe a que la manifestación de la sostenibilidad como un proceso de auditoría y medición del rendimiento de los edificios desconecta la arquitectura de las redes más amplias de entornos urbanos y construidos que la sitúan. Deakin (2014, p. 219) sostiene que "nuestro conocimiento integrado actual de la inteligencia y las ciudades inteligentes nos pone a punto de cultivar un nuevo determinismo ambiental". ¿Es este el futuro inteligente y sostenible que alguna vez imaginamos?

Para superar las limitaciones de los métodos existentes de auditoría y evaluación de la sostenibilidad, se debe abordar la escala.

"Ya sea que pensemos en los arreglos tecnológicos a gran escala en el centro de muchos enfoques urbanistas ecológicos contemporáneos en un extremo de la escala, o en las filosofías de regreso a la naturaleza de los defensores de la construcción ecológica más tradicionales [...] un énfasis excesivo sobre la eficiencia [en el diseño sostenible] podría de hecho impedir el éxito de cualquiera de los enfoques" (Goodbun, 2012, p. 54).

Esta condición exige la reinvención de la sostenibilidad inteligente de una manera que adopte la idea de que los edificios son componentes de redes mucho más amplias. Del mismo modo, Cooper et al. (2009, p.viii) sugieren que "En última instancia, los usuarios de los entornos urbanos crean o erosionan la sostenibilidad, y las infraestructuras físicas, sociales y económicas forman los 'lugares' que ubican los estilos de vida. Por lo tanto, para que las intervenciones de sostenibilidad tengan éxito, se debe adoptar un enfoque centrado en el ser humano". Por tanto, se necesitan nuevos métodos de análisis para volver a conectar la sostenibilidad y la sociedad a través de los entornos que comparten.

EFICACIA: ANÁLISIS CULTURALMENTE SENSIBLE

El espacio habitado, ya sea urbano o no, está formado por capas de redes complejas. Varias formas de análisis a lo largo del tiempo han revelado patrones de actividad que se manifiestan en el entorno físico (Marshall, 2009). Estos patrones son producto de comportamientos sociales y culturales. Las tensiones emergentes, exacerbadas por la desconexión entre los datos y la experiencia vivida, que elude los límites y escalas especificadas, no se pueden abordar aumentando la cantidad o complejidad de los datos sin abordar primero su conexión con el lugar.

El diseño y planificación de las ciudades se basa en un análisis a largo plazo de los precedentes históricos y la reevaluación de las necesidades sociales, políticas, económicas y ambientales situadas. Este proceso se ha descarrilado por la producción efímera de datos digitales y las respuestas en tiempo real de la sostenibilidad impulsada por la eficiencia, que no pueden cumplirse de manera realista con las cualidades comparativamente estáticas del entorno construido. Reconocer y responder a la complejidad escalar a los efectos del diseño sostenible requiere que la naturaleza abstracta de los datos se reconcilie con el carácter y la calidad espaciales. También requiere esta reconciliación para permitir que se comprenda el valor de las condiciones espaciales existentes con el fin de identificar oportunidades para agregar valor y mejorar la efectividad.

La sostenibilidad efectiva, por lo tanto, exige un análisis espacial que combine, a través de una gama de escalas, la evolución a largo plazo de las condiciones espaciales con el contexto dinámico y reactivo del espacio habilitado digitalmente. La presencia cultural puede verse como la condición que enmarca este contexto, mientras que la infraestructura ('Infra' que se deriva del latín 'abajo'), puede considerarse una parte fundamental de la condición urbana que cruza fronteras y da servicio a todos los aspectos de la sociedad y la cultura. Visto a través de este marco, los métodos de análisis culturalmente sensibles podrían apoyar la producción de un espacio efectivamente sostenible.

Representación Significativa

La importancia de la presencia cultural como factor en el diseño de la infraestructura se puede ver en las respuestas a los fenómenos urbanos "invisibles" anteriores, incluidos el saneamiento, la contaminación y el uso de energía. Cuando los fenómenos invisibles se vuelven visibles como problemas se exige una respuesta retrospectiva.

Un ejemplo de esto aparece cuando uno reevalúa la relación del público con la energía y la infraestructura energética. En la Gran Bretaña posterior a la Segunda Guerra Mundial, el objetivo del sector eléctrico recién nacionalizado era construir grandes estaciones generadoras fuera de la ciudad y lejos de las poblaciones residenciales, alimentando la Red Nacional. La introducción de redes de transmisión reformó drásticamente el reconocimiento público de la infraestructura energética y produjo una desconexión cultural entre el edificio y la función. Las tipologías de edificios moldeadas por la ingeniería energética del siglo XIX, que ubicaban la producción de energía dentro de las ciudades y junto a los ríos, cerca de las fuentes de mayor demanda, se volvieron técnicamente obsoletas. Irónicamente, esto ha resaltado la importancia de su arquitectura como un activo para la reapropiación cultural. Su transición de técnicamente obsoleto a culturalmente valioso ha impulsado el desarrollo de espacios culturales y sociales en una variedad de escalas, desde la Bankside Power Station convirtiéndose en el Tate Modern en Londres hasta cafeterías convertidas en subestaciones eléctricas en Sydney (Figura 4.2). Estos se dan cuenta del valor latente de la forma construida a través de una articulación de las propiedades patrimoniales de la arquitectura y refuerzan el valor de incorporar el significado cultural o el potencial de un "patrimonio futuro" en los esquemas como parte de una estrategia de sostenibilidad más amplia.

Hoy en día, las redes que distribuyen productos a gran escala a los consumidores son cada vez más incompatibles con las tecnologías renovables descentralizadas y receptivas del siglo XXI. Esto es evidente en las dificultades que enfrenta la Red Nacional al tratar de captar la producción de energía fluctuante de fuentes renovables con salidas inconsistentes, lo que está provocando la consideración de reubicar la producción de energía. La desconexión de la forma de la función que inicialmente se habilitó al quitar de la vista los medios de producción ahora ha permitido que el significado y el uso se adscriban a la arquitectura de una manera fluida y dinámica. También ha demostrado la importancia subsidiaria del desempeño técnico como una forma de representar el significado en el entorno edificado, donde la forma arquitectónica, el espacio y la calidad del material se priorizan sobre la función.

Figura 4.2 Edificio de la subestación de electricidad convertido en Coffee Shop, Alexandria, Sydney NSW

Notas:

- Fotos © Coucill, L (2018) La incapacidad de los esfuerzos medidos técnicamente para reducir la demanda de energía indica que las estrategias actuales del sector energético ya no pueden abordar la escala del problema energético. Es necesario un cambio en la visión popular de la producción y el consumo de energía. Esto requiere una representación significativa de la sostenibilidad, no simplemente como una ausencia, sino como un componente visible y culturalmente valioso de la forma construida y los comportamientos humanos.

Análisis Culturalmente Sensible

Los métodos de representación espacial de datos, junto con el uso del diseño como una herramienta para la exploración y simulación, tienen la capacidad de identificar las condiciones y oportunidades que surgen de las métricas impulsadas por la eficiencia y hacer propuestas perspicaces para una sostenibilidad efectiva. La representación visual de los datos puede ser significativa en términos del área que afecta, las condiciones actuales y potenciales que produce, y la identificación del desempeño actual que proporciona además de la capacidad potencial. El paso adicional de los datos de mapeo espacial permite el contrainterrogatorio de temas incrustados espacialmente que representan comportamientos sociales y culturales, y su efecto en una variedad de escalas, desde lo local hasta lo global.

Este enfoque de análisis culturalmente receptivo ofrece tres oportunidades principales para comprender cómo la caracterización espacial de los datos puede ofrecer información sobre los caracteres espaciales emergentes que, de otro modo, no se entenderían hasta que se manifestaran en el paisaje. Esto expone una distinción entre espacio y comportamiento en el entorno construido, que es inherentemente un proyecto a largo plazo, con funcionamiento y rendimiento en tiempo real y bajo demanda. En última instancia, un enfoque del análisis espacial más centrado en la cultura reconcilia la experiencia vivida con métricas impulsadas por la eficiencia para proporcionar información sobre las posibilidades de diseño espacial sostenible eficaz.

La Caracterización Espacial de los Datos

La representación visual crea una relación significativa entre los datos y el espacio. Esto es particularmente útil cuando las intervenciones locales y particulares deben compararse con las demandas regionales y quizás globales. Podemos verlo en la Figura 4.3: un dibujo realizado para comparar los requisitos espaciales de la energía eólica y solar. El dibujo representa los requisitos espaciales mínimos absolutos para cada fuente de energía renovable. En este caso, la representación visual del requisito espacial para satisfacer las demandas de energía de 100 viviendas expone los desafíos culturales y ambientales de conciliar el suministro y la demanda de energía con el área geográfica, las comodidades visuales y los requisitos de infraestructura subyacentes.

Figura 4.3 Espacio de Infraestructura: Un examen de los requisitos espaciales para la energía eólica y solar en la región de las Tierras Altas de Escocia

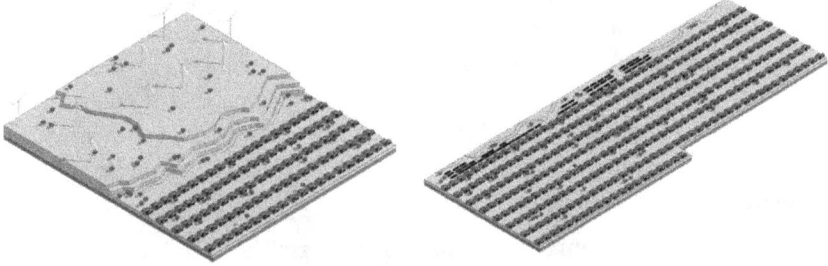

Notas:

- requisitos espaciales para 100 casas alimentadas por energía eólica terrestre (izquierda) y paneles fotovoltaicos (derecha)
- por Peter Chinnock, Richard Durber, Phil Gannon, Diane Kwan, Mihayla Mihaylova, Sam Power (2016) Escuela de Arquitectura de Manchester supervisada por Jefferies, Brook, Coucill, Csepely-Knorr & Morton.

Figura 4.4 Espacio de Infraestructura: un examen de la relación espacial entre la producción y la demanda de energía renovable en Cornualles

- Energía eólica marina
- Energía eólica terrestre
- Energía solar (paneles fotovoltaicos)
- Energía geotérmica

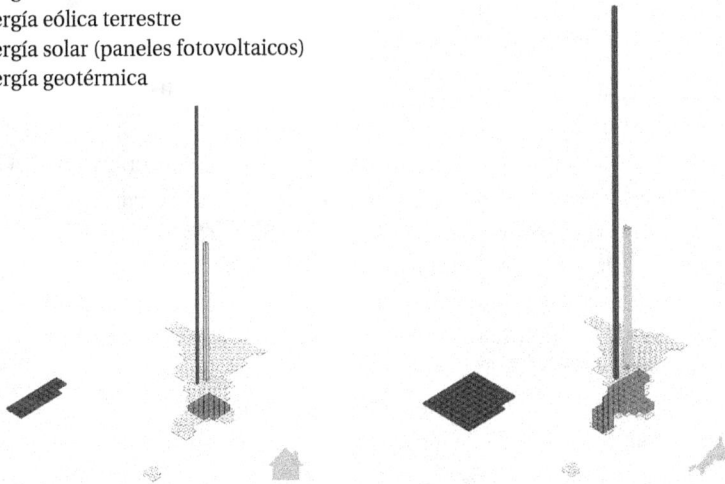

Notas:

- (izquierda) huella requerida para producir el consumo de energía anual nacional total de Cornualles, (derecha) huella requerida para producir el consumo de energía anual total de Cornualles
- por Eva Nella, Connor Armitage, Tom Fantom, Antoine Louchet (2017) Escuela de Arquitectura de Manchester supervisada por Jefferies, Coucill, Morton & Csepely-Knorr.

Un ejemplo similar es el análisis temático del condado de Cornualles, Reino Unido, que une los datos de demanda energética de la región con la huella espacial de las energías renovables (Figura 4.4). Utilizando los requisitos espaciales promedio para ubicar las fuentes renovables y evaluando la capacidad del potencial de la tierra para la multifuncionalidad, los datos sobre los requisitos domésticos e industriales de la región se pueden mapear de manera que comuniquen fácilmente la eficiencia espacial y el impacto de los tipos de energía renovable.

Los modos convencionales de representación gráfica de datos se producen típicamente para audiencias específicas y singulares. Sin embargo, las complejidades del espacio del entorno urbano y construido afectan a una amplia gama de audiencias y, por lo tanto, deben ser fácilmente legibles. Los arquitectos y diseñadores urbanos están bien equipados para utilizar su aguda comprensión del espacio, no solo para examinar datos espaciales sino representarlos en un formato que pueda contribuir al discurso en curso. La representación visual y espacial de los datos actúa como una herramienta con la que cuestionar, probar y generar hipótesis sobre las condiciones espaciales futuras.

Reevaluación del carácter espacial

¿Cómo deberían ser las ciudades inteligentes y cómo deberían caracterizar el espacio? La omnipresencia de la infraestructura y los dispositivos digitales conectados está cambiando los comportamientos socioeconómicos. La idea de una relación recíproca entre el comportamiento y la actividad humanos y la producción de herramientas es antigua. Está claro que el comportamiento socioeconómico está cambiando como producto de las herramientas digitales y la forma en que las transacciones se realizan de forma remota con la creciente popularidad del comercio minorista en línea. Estas condiciones emergentes tienen enormes implicaciones actualmente indefinidas para el funcionamiento y el rendimiento del espacio urbano, que aún no se han manifestado plenamente en las cualidades formales y físicas del entorno construido. El aumento de la disponibilidad de espacios comerciales en el Reino Unido es una prueba de esto, lo que afecta directamente la calidad urbana.

Para explorar estas condiciones, se utilizaron técnicas de representación de datos y análisis espacial en la región escocesa de las Tierras Altas. Identificaron que, aunque la región se considera típicamente rural, esta presenta características de comportamiento urbano a través de los mecanismos de la infraestructura digital. Los métodos de representación y análisis permitieron reevaluar el carácter espacial, planteando la pregunta; "¿Cuáles son los límites de la ciudad contemporánea?".

La Figura 4.5 nos proporciona un ejemplo del análisis espacial y la representación de datos que condujeron a esto. El trabajo se realizó para examinar las implicaciones locales y regionales de la infraestructura visible e invisible y reveló que algunas de las áreas más remotas y escasamente pobladas del Reino Unido pueden operar en la misma capacidad que las ciudades de alta densidad.

Figura 4.5 Espacio de Infraestructura: Análisis de la red urbana dispersa de la región de las Tierras Altas de Escocia en 2015/16

Notas:

- por Tanya Ittan, Georgina Mitchell, Nicholas Nilsen, George Thomson, Jessica Weeks (2016) Escuela de Arquitectura de Manchester supervisada por Jefferies, Brook, Coucill, Csepely-Knorr & Morton.

En este trabajo, el efecto combinado de reconocer los edificios como componentes de una red expandida y la velocidad, aceleración e intersección de la movilidad digital y física replantea la idea de ciudad. Las tendencias urbanas se hacen evidentes donde las operaciones urbanas adoptan la apariencia de un espacio rural, dando lugar al fenómeno de la *Ciudad hiperdispersa*. El análisis espacial permitió desafiar las definiciones convencionales de espacio urbano, cuyo rasgo característico es la asunción de altos niveles de densidad. El trabajo reconoció que las definiciones convencionales ignoraron el comportamiento de los habitantes dentro de la región identificada y expuso que es posible que los habitantes de espacios escasamente ocupados se comporten de manera altamente urbana que tienen poca conexión tradicional con las formas de comportamiento específicas del lugar que estarían implícitas por lecturas convencionales del espacio rural.

Dichos hallazgos dependen totalmente de la representación espacial de los datos y solo se hacen evidentes cuando las métricas tradicionales del espacio urbano, como la densidad de población, se reemplazan por métricas que observan los comportamientos y el uso del espacio digital. Por ejemplo, la región de las Tierras Altas de Escocia tiene una densidad de población de 9 habs/km^2. Este es el más bajo en el Reino Unido, cuyas áreas metropolitanas tienen densidades de población significativamente más altas, como los 1.800 habs/km^2 de Edimburgo y 14.500 habs/km^2 del municipio Islington de Londres. Sin embargo, al ver a las poblaciones a través de la lente de los comportamientos digitales y su uso de los servicios digitales, como las compras en línea y el acceso a las redes de entrega al día siguiente, la distancia y, por lo tanto, la densidad de población se vuelve menos significativa. Actualmente estamos siendo testigos de un cambio de paradigma en el que la tecnología y las redes han comenzado a permitir nuevas formas de uso para interactuar con lugares de estilo tradicional. La región montañosa nos presenta una condición espacial que ha sido moldeada por procesos rurales para parecer rural, pero que ahora está ocupada de una manera que ha permitido usos dispersos y comportamientos característicamente urbanos. Este replanteamiento crítico permite el potencial sostenible de un territorio disperso dentro de un conjunto de comparación de tipos de asentamientos densos más convencionales. Esto es útil tanto desde la perspectiva de la formulación de políticas como desde la perspectiva del rendimiento cuando se desarrollan propuestas y modelos operativos críticamente fundamentados.

Acomodando la longevidad en un contexto en tiempo real

La identificación y definición de problemas críticos ubicados en contextos geográficos, culturales e históricos es el punto de partida para permitir que el proceso de diseño aborde los cambios espaciales. La producción de datos utilizada para informar respuestas automatizadas a corto plazo en espacios inteligentes es clave para comprender el desarrollo de patrones de uso y ocupación como parte de los planes de evaluación a largo plazo. Este enfoque cruza datos sobre el uso, rendimiento y operación complejos e interconectados de servicios, redes y espacio que se manifiestan a través de prácticas históricas y culturales específicas de un lugar. Tanto los sistemas multinivel como los basados en agentes múltiples son todavía incapaces de captar las cualidades y condiciones esotéricas del espacio, ni las complejas actividades culturales que lo afectan.

Figura 4.6 Espacio de infraestructuras: Cornwall Garden City. Análisis de la conectividad y las redes de Cornualles y las Islas de Scilly

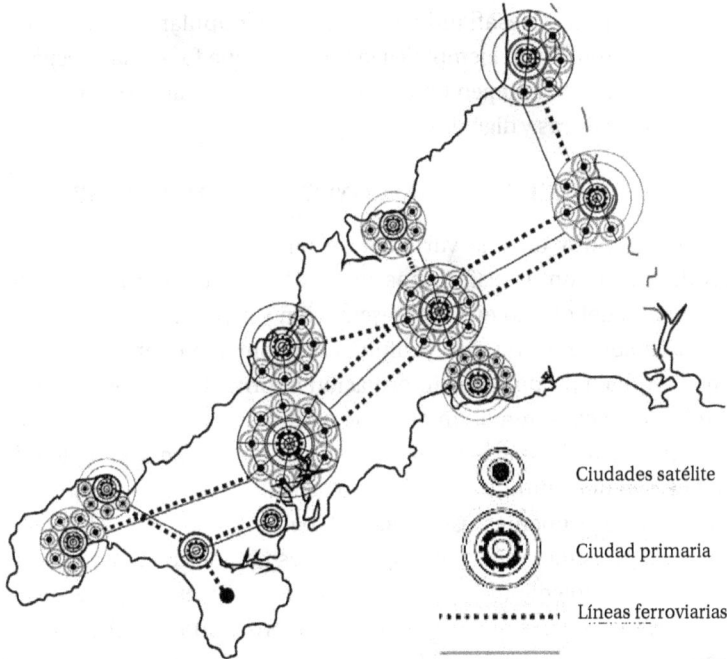

Ciudades satélite

Ciudad primaria

Líneas ferroviarias

Notas:

- Realizado por: Peter Bell, Kotryna Dapsyte, Stephen Morris, Morgan Wild (2017) Manchester School of Architecture, supervisado por Jefferies, Coucill, Morton & Csepely-Knorr.

Los precedentes existentes han proporcionado información sobre los rasgos socioeconómicos establecidos. Como lo demuestra el caso de las Tierras Altas, es posible ilustrar las características e implicaciones de los comportamientos sociales antes invisibles para el entorno físico. Este es un ejemplo de la distinción entre el rendimiento (un factor de tiempo real) y la apariencia (un efecto a largo plazo) del espacio físico. Las redes digitales, junto con las infraestructuras físicas, han permitido que los lugares se comporten retrospectivamente a la manera de una ciudad conceptual. Apropiarse del lenguaje del ideal permite reposicionar la realidad de un lugar. Un ejemplo de esto se puede ver en la lectura potencial de Cornualles como un modelo contextualizado de la Ciudad Jardín. Propuesto inicialmente por Ebenezer Howard (1898), este modelo urbano idealizado se centra en lograr proximidades y relaciones espaciales ideales entre las comodidades para lograr un espacio operativo y ofrecer un estilo de vida ideal. Aunque Cornualles no se construyó como una Ciudad Jardín, ha evolucionado para funcionar como una Ciudad Jardín. El diagrama de Cornwall Garden City (Figura 4.6) posiciona el espacio urbano del condado dentro de un modelo urbano conceptual, desafiando su encuadre popular como un espacio esencialmente rural. Esto ejemplifica la forma en que funciona el espacio, que se hace evidente en el mapeo temático transversal de datos socioeconómicos, infraestructuras físicas y digitales.

LA EXPERIENCIA VIVIDA: RECONECTANDO DATOS Y ESPACIO

El mapeo de datos en una variedad de temas centrales es esencial para desarrollar una comprensión más profunda de la experiencia vivida. La incorporación del diseño en la representación y exploración de datos no solo expone una comprensión más profunda del contexto operativo del espacio, sino que también proporciona información informada sobre los requisitos de desarrollo. Esto comprende un enfoque alternativo y único para el mercado especulativo actual, que a menudo produce un espacio genérico de alta especificación que, aunque genérico, no es flexible ni capaz de satisfacer las necesidades de ocupantes específicos (Moe, 2013). El uso del diseño para modelar y demostrar cualidades espaciales es una herramienta que, si no se pasa por alto simplemente, se aprecia solo como un medio para representar las cualidades formales de desarrollos predeterminados e informados por el mercado en el entorno construido. Representar propuestas arquitectónicas a través de diversas formas de medios ahora interactúa con la tecnología digital para brindar oportunidades para evaluar críticamente las propuestas antes de la construcción.

El diseño como mecanismo para la eficacia

El análisis culturalmente receptivo genera un conocimiento que nos permite identificar relaciones espaciales y materiales, así como estructuras apropiadas para la intervención. También nos proporciona una comprensión de las implicaciones socioeconómicas y culturales de la misma. El diseño del espacio no debe deslaminarse del contexto multifacético en el que existe. Un ejemplo temprano de desarrollo de este enfoque se puede ver en el trabajo ganador de Maccreanor Lavington Architects et al. en el concurso internacional de Whitefield Housing del año 2006. (Figura 4.7). En su esquema, se introdujo una combinación de mejoras de rendimiento tácticas y técnicas significativas, incluidas mejoras de rendimiento térmico y eliminación de basura oculta, en un área densa en viviendas del siglo XIX catalogada como patrimonio. Estos cambios fueron apoyados a nivel de vecindario por la reconversión de los patios traseros en jardines compartidos, y la inserción estratégica de una planta de energía de biocombustible, que proporcionó un sistema de calefacción de distrito en forma de un nuevo parque urbano (Logan et al., 2008).

Figura 4.7 Esquema ganador, Whitefield Housing International Housing Competition (2006). Whitefield, Nelson, Reino Unido

Notas:
- Creado por: Maccreanor Lavington Architects junto con Jefferies & Keeffe et al.

El proyecto de Maccreanor Lavington demostró que, a través de un compromiso meditado con las demandas de rendimiento técnico, dentro del alcance de un enfoque centrado en el ser humano para llevar a cabo un espacio urbano funcional, surgen oportunidades para crear infraestructuras de sostenibilidad con beneficios binarios (Keeffe & Jefferies, 2011). Esta es una estrategia que deliberadamente espacializa la sostenibilidad (en la forma de un parque público) al mismo tiempo que crea las condiciones de "patrimonio futuro" para la apropiación cultural de la infraestructura energética sostenible y la forma construida, en lugar de ver el patrimonio como un aspecto retrospectivo del entorno edificado. Las ideas propuestas en este esquema proposicional han sido posteriormente realizadas por los arquitectos en proyectos galardonados que incluyen Ryle Yard, en Cambridge, y Dujardin Mews, en Londres.

El diseño para identificar la oportunidad

El análisis culturalmente receptivo se basa en la actividad de diseño para priorizar el trabajo de investigación e identificar oportunidades de diseño que reconcilien las condiciones culturales únicas del lugar con los objetivos globales, nacionales y locales para la sostenibilidad.

Figura 4.8 Espacio de infraestructuras: patrones de energía – visualización de tipos de modelos que generan paisajes culturales, aumentan los edificios y revelan las correlaciones contextuales latentes

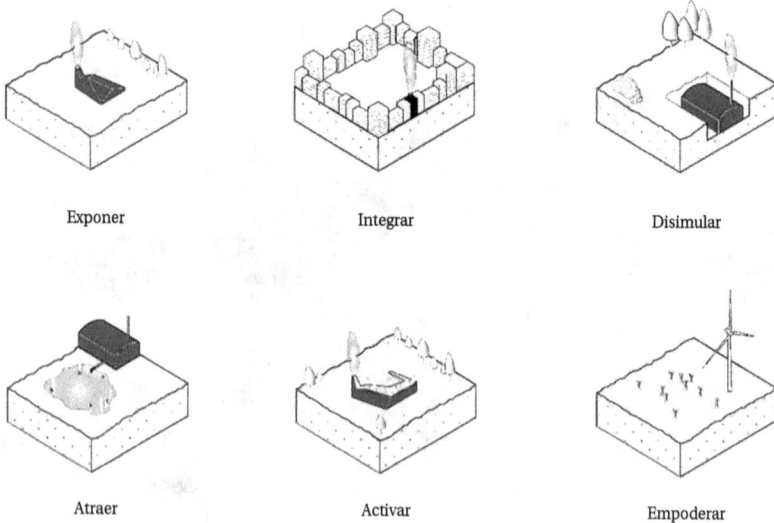

Exponer	Integrar	Disimular
Atraer	Activar	Empoderar

Notas:

- Realizado por: Evagelia Nella (2018) Manchester School of Architecture, y supervisado por Jefferies, Coucill, Morton & Csepely-Knorr.

"Patrones de energía" (Figura 4.8) explora la representación arquitectónica de la infraestructura energética lograda gracias a la investigación del diseño y el análisis transversal de los conjuntos de datos existentes. El análisis espacial reveló correlaciones entre la demanda de energía y la privación socioeconómica en áreas específicas dentro de Cornualles, Reino Unido, una región que aún no ha aprovechado su capacidad geotérmica. Se compararon las huellas de la generación de energía (Figura 4.5) para revelar que una planta geotérmica es eficiente en términos de densidad de potencia y apropiada a la escala vernácula.

Esto, junto con la introducción de la producción de energía renovable avanzada y las redes de distribución de redes inteligentes, que pueden mediar los impactos adversos de la producción de energía, abre oportunidades de diseño que requieren una reevaluación de la relación de la sociedad con las tipologías de infraestructura. Cuando una central eléctrica contemporánea se encuentra en la ciudad, no más allá de su periferia, ¿cómo debe verse? La redefinición de la producción de energía como un proceso renovable limpio a nivel de local o microrred permite, una vez más, repensar la central eléctrica como un elemento urbano en el contexto del conocimiento y la teoría infraestructural contemporánea. Esto exige que los edificios de producción de energía ya no sean simplemente instalaciones diseñadas, sino componentes de una arquitectura urbana.

- Respondiendo a la combinación de requisitos específicos del lugar, culturales, tipológicos y técnicos, el proyecto utilizó estimaciones basadas en densidades de población y demanda de energía para aplicar los conceptos del lenguaje de patrones de Christopher Alexander (1977) al caso de Cornualles para la producción de energía renovable. Esto incorporó las escalas y patrones a nivel de distrito regional, urbano y local, como un enfoque radical para integrar la energía renovable y la regeneración urbana. El resultado es un "paisaje cultural" que evita considerar los edificios de producción de energía como objetos aislados y, en cambio, los ve como patrones que aumentan las correlaciones contextuales. Estas correlaciones se utilizan para redefinir un espacio urbano desaparecido existente como un punto significativo de llegada y producción, experimentado como parte de la ciudad tanto desde tierra como desde el mar. El edificio propuesto es una tipología híbrida, que utiliza la teoría contemporánea para fusionar la infraestructura del siglo XXI y el espacio cultural en respuesta al análisis de datos a largo plazo y producir una arquitectura generada socio-técnicamente (Figura 4.9).

Figura 4.9 Espacio de infraestructuras: Patrones de energía – Planta de energía geotérmica, Penzance, Reino Unido

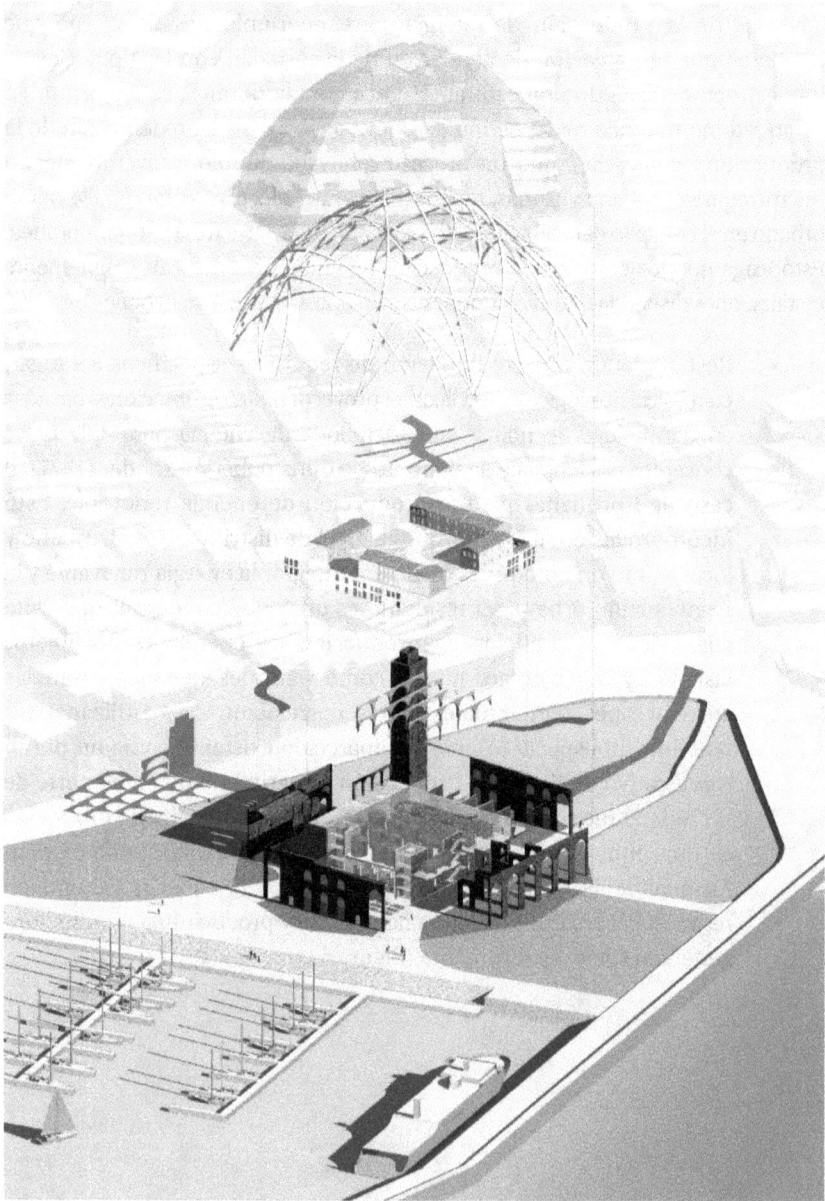

Notas:

- Realizado por Evagelia Nella (2018) Escuela de Arquitectura de Manchester, y supervisado por Jefferies, Coucill, Morton & Csepely-Knorr.

CONCLUSIONES: EL RECONOCIMIENTO Y REPRESENTACIÓN
DE LA "SOSTENIBILIDAD"

Los proyectos presentados destacan que los enfoques de arquitectura sostenible basados en la eficiencia y los objetivos no son necesariamente acordes con las experiencias vividas, expuestas a través del mapeo de datos transversales. Más bien, el diseño sostenible crea las condiciones previas para respaldar el comportamiento sostenible. Esto significa considerar la arquitectura sostenible como parte de una red compleja que abarca escalas locales / particulares y globales / universales anidadas, informadas por un comportamiento socioeconómico y cultural dinámico. Los proyectos discutidos argumentan que este es uno de los principales medios para lograr resultados sostenibles efectivos y que esto se puede hacer a través del análisis de datos y el mapeo espacial que ubica la actividad humana en el lugar y la cultura. La captura y representación de datos debe considerarse esencial para desarrollar resultados diseñados positivamente medibles. El análisis culturalmente receptivo ha agotado nuestra comprensión de los límites del espacio urbano al identificar comportamientos y patrones de uso novedosos. Esto ha disociado la descripción de un espacio (por ejemplo, como "rural" o "urbano") desde su apariencia o densidad de ocupación. También ha facilitado respuestas diseñadas a las condiciones espaciales y sociales que se pueden capturar para proporcionar una base sobre la cual hacer diseños que respondan a una realidad real y medible en lugar de solo una imagen.

El análisis y el diseño culturalmente receptivo es una herramienta que permite explorar las tensiones que existen entre las ideas y las características de lo local/particular y lo global/universal, como la diferencia de enfoque entre las prácticas técnicas y sociotécnicas. Si bien es deseable un rendimiento técnico avanzado, no es el requisito previo más importante para la sostenibilidad en el entorno construido. A través del compromiso considerado de los aspectos técnicos de la sostenibilidad con una comprensión sociotécnica más amplia del espacio, es posible diseñar nuevas formas de espacio urbano y nuevas estructuras de urbanismo que aborden las demandas por medios que sean resilientes y adaptables. El análisis y el diseño culturalmente receptivos intenta desempacar la complejidad de la sustentabilidad contemporánea con líneas de investigación temáticas y con referencias cruzadas. Esto crea una oportunidad para reconocer agendas en competencia y requiere que el usuario haga juicios de valor en torno a la aplicación de los hallazgos. Este es un enfoque que refleja la experiencia vivida y la complejidad real de la toma de decisiones sostenible aplicada y expone formas inesperadas en las que los diferentes factores de ocupación espacial pueden afectar los resultados sostenibles.

Política de incorporación

La percepción cultural del espacio sostenible es uno de los aspectos más difíciles de reconciliar para los profesionales de la política, la técnica y el diseño contemporáneos. Los peligros de depender demasiado de la representación del progreso medible, tecnológico y cuantificable se pueden ver en colapsos anteriores de la confianza en el progreso, como la crisis del Modernismo en la década de 1970.

El descrédito de los aspectos universales del progreso todavía se está desarrollando en nuestro contexto cultural contemporáneo, que ahora cuestiona la idea misma de "verdad". Al reconocer que hay muchas lecturas de una situación singular, es posible desarrollar propuestas y soluciones arquitectónicas que encarnan tanto tecnología avanzada como formas culturalmente resonantes. Esta es una estrategia deliberada para producir resiliencia y apoyar el cambio a lo largo del tiempo.

La formulación de políticas eficaces depende de una investigación adecuada y de una toma de decisiones basada en la evidencia para lograr sus objetivos. Sin embargo, producir datos que sean precisos, legibles y aplicables a menudo resulta problemático para esto. Las políticas suelen ser abstractas, destinadas a generar resultados positivos a través de acciones situadas en contextos dinámicos y cambiantes. El arquitecto, urbanista, ingeniero o diseñador se enfrenta al desafío de sintetizar los objetivos de las políticas, a menudo a través de una forma codificada de entrega, para desarrollar y entregar un entorno edificado de alta calidad que responda a las políticas.

La medida en que varían las definiciones de los esquemas de entornos construidos de alta calidad se hace evidente cuando se revisan los resultados de los premios a la excelencia alineados profesionalmente. Las profesiones de arquitectura, ingeniería y planificación tenderán a elegir ejemplos de excelencia muy diferentes a la hora de identificar las mejores prácticas. Esta diferencia de opinión se refleja en la falta de coherencia evidente en el debate actual sobre la sostenibilidad, y es un desafío para producir un enfoque unificado para ofrecer esquemas que sean a la vez sostenibles y resilientes. Está claro que este es un objetivo global, no obstante la investigación en curso se están llevando a cabo en Canadá (Chupin et al., 2018).

Apoyar lo *Smart*

La aparición y adopción de tecnologías inteligentes en la operación y el diseño del espacio urbano contemporáneo presenta un desafío para todos los aspectos de la gobernanza, el diseño urbano y el comportamiento humano cotidiano. Estas tecnologías se presentan a menudo como un medio para resolver los desafíos dinámicos de la ciudad. Sin embargo, ¿es la ciudad un problema que se puede solucionar? Al utilizar los entornos especiales y de infraestructura disponibles, para responder de manera inteligente a las necesidades de la sociedad, es posible mejorar el funcionamiento y la participación actuales de todo tipo de espacio, y permitir que los ciudadanos accedan a los activos por elección en lugar de por necesidad.

Una comprensión compleja de un lugar a través del mapeo de datos permite identificar la latencia dentro de una situación, es decir, el potencial para que se desarrolle hacia una variedad de resultados diferentes. Esto puede ser el resultado de tipos de excedentes realizados o potenciales (por ejemplo, la capacidad de energía renovable), o el resultado de dos o más factores que crean sinergias. Los ejemplos de propuestas urbanas discutidas anteriormente demuestran que, a través de un enfoque continuo en maximizar el potencial del lugar, las soluciones de infraestructura pueden actuar como impulsores para la creación de lugares habitables y mensurables que incorporan la resiliencia y la indeterminación como aspectos centrales de su diseño. Reconocemos que la obsolescencia tecnológica es más rápida que el cambio cultural, y que la visión de la sociedad sobre lo que está bien o mal construido también cambia con el tiempo. En consecuencia, creemos que las nuevas infraestructuras que apoyan el desarrollo de la cultura urbana deben poder aceptar la redundancia como una parte inevitable de su ciclo de vida, y encarnar un potencial para apoyar la cultura como futuros componentes y espacios del patrimonio.

El trabajo discutido anteriormente en las Tierras Altas, Cornualles y Nelson demuestra diferentes facetas de este enfoque. La adopción masiva de sistemas inteligentes permitirá que las redes sean mucho más receptivas y efectivas, reduciendo el uso de energía y respondiendo al cambio climático de formas matizadas y multifacéticas. Esto supondrá un cambio significativo desde un contexto de evaluación basado en métricas donde los esquemas obviamente ineficientes y derrochadores pueden ser clasificados como "sobresalientes" para el uso de energía. El trabajo aquí discutido propone un método de análisis y diseño que encarna la interacción y la complejidad, uno que permitiría entender los esquemas dentro de un contexto más amplio como componentes de redes, y permitiría tomar decisiones políticas y de diseño a partir de una base probatoria, que es multifacética y fácil de usar.

A través del interrogatorio exhaustivo y el cuestionamiento de ideas preconcebidas de eficiencia espacial, desempeño y carácter, proponemos que un enfoque en la efectividad, la latencia y la función permitirá a los diseñadores, legisladores y ciudadanos desarrollar conjuntamente respuestas verdaderamente sostenibles a los desafíos emergentes de la escasez de recursos y el cambio climático.

REFERENCIAS

Alexander, C. (1977). *A Pattern Language: Towns, Buildings, Construction.* Oxford University Press.

Batty, M., Axhausen, K. W., Giannotti, F., Pozdnoukhov, A., Bazzani, A., Wachowicz, M., Ouzounis, G., & Portugali, Y. (2012). Smart cities of the future. *The European Physical Journal Special Topics, 214*(1), 481–518. https://doi.org/10.1140/epjst/e2012-01703-3

Bowker, G. C., & Star, S. L. (1999). *Sorting things out : classification and its consequences.* MIT Press.

Carmona, M. (2009). Design Coding and the Creative, Market and Regulatory Tyrannies of Practice. *Urban Studies, 46*(12), 2643–2667.

Carmona, M., & Dann, J. (2007). Design Codes. *Urban Design* (101), 16-37.

Clevenger, C. M., & Haymaker, J. (2011). Metrics to assess design guidance. *Design Studies, 32*(5), 431–456. https://doi.org/10.1016/j.destud.2011.02.001

Chupin, J-P., Adamczyk, G., Cucuzzella, C., Theodore, D., (2018) Architectural Quality for Cultural Institutions in Canada: Shifting Definitions Within Awards of Excellence. Sitio web: https://leap-architecture.org/ Acceso: 12 de febrero de 2019.

Collado-Ruiz, D., & Ostad-Ahmad-Ghorabi, H. (2010). Influence of environmental information on creativity. *Design Studies, 31*(5), 479–498. https://doi.org/10.1016/j.destud.2010.06.005

Cooper, R., Evans, G., & Boyko, C. (Eds.). (2009) *Designing Sustainable Cities.* Blackwell Publishing Ltd.

Coucill, L. (2013). Tensions Between Theory and Practice in Architectural Design. Tesis de doctorado. Birmingham Institute of Art and Design.

de Jong, M., Joss, S., Schraven, D., Zhan, C., & Weijnen, M. (2015). Sustainable–smart–resilient–low carbon–eco–knowledge cities; making sense of a multitude of concepts promoting sustainable urbanization. *Journal of Cleaner Production, 109*, 25–38. https://doi.org/10.1016/j.jclepro.2015.02.004

Deakin, M. (2014). Smart cities: the state-of-the-art and governance challenge. *Triple Helix, 1*(1), 7. https://doi.org/10.1186/s40604-014-0007-9

Garau, C., & Pavan, V. M. (2018). Evaluating Urban Quality: Indicators and Assessment Tools for Smart Sustainable Cities. *Sustainability, 10*(3), 575. https://doi.org/10.3390/su10030575

Goodbun, J. (2012, April). An Ecology of Mind. *Architectural Review*, 22–23. https://www.architectural-review.com/essays/an-ecology-of-mind/8628251. article

Gunder, M. (2006). Sustainability: Planning's Saving Grace or Road to Perdition? *Journal of Planning Education and Research, 26*(2), 208–221. https://doi.org/10.1177/0739456X06289359

Gutman, R., Cuff, D., Wriedt, J., & Bell, B. (Eds.). (2010). *Architecture from the outside in : selected essays.* Princeton Architectural Press. http://site.ebrary.com/id/10452151

Guy, S., & Moore, S. A. (2007). Sustainable Architecture and the Pluralist Imagination. *Journal of Architectural Education, 60*(4), 15–23. https://doi.org/10.1111/j.1531-314X.2007.00104.x

Howard, E. (1898). *Garden Cities of To-morrow.* Swan Sonnschein & Co.

Imrie, R., & Street, E. (2011). *Architectural Regulation and Design.* Blackwell-Wiley.

Keeffe, G., & Jefferies, T. 2011, 'Future Heritage: is Carbon neutrality possible in historic neighbourhoods?' Documento presentado en el Energy management in Cultural Heritage, Dubrovnik, Croacia, 01/04/2011 - 01/04/2011, pp. 150-160.

Kitchin, R. (2014). The real-time city? Big data and smart urbanism. *GeoJournal, 79*(1), 1–14. https://doi.org/10.1007/s10708-013-9516-8

Knox, P. (2007 [1987]) The Social Production of the Built Environment. En M. Carmona, & S. Tiesdell (Eds.), *Urban Design Reader* (pp. 114-125). Architectural Press.

Lauriault, T. P. (2012). *Data, Infrastructures and Geographical Imaginations: Mapping Data Access Discourses in Canada.* Tesis doctoral, Carleton University, Ottawa.

Logan, K. et al (2008) CABE HMR Design Task Group 18 (Nelson): Design Task Group Report Sustainable Refurbishment Nelson, Lancashire http://web archive.nationalarchives.gov.uk/20110118195828/http://www.cabe.org.uk/files/hmr15.pdf

Lombardi, D. R., Caserio, M., Donovan, R., Hale, J., Hunt, D. V. L., Weingaertner, C., Barber, A., Bryson, J. R., Coles, R., Gaterell, M., Jankovic, L., Jefferson, I., Sadler, J., & Rogers, C. D. F. (2011). Elucidating Sustainability Sequencing, Tensions, and Trade-Offs in Development Decision Making. *Environment and Planning B: Planning and Design, 38*(6), 1105–1121. https://doi.org/10.1068/b36161

Marshall, S. (2009). *Cities, Design & Evolution.* Routledge.

Moe, K. (2013).*Convergence: An architectural agenda for energy.* Routledge.

Ribes, D., & Jackson, S. J. (2013). Data bite man: The work of sustaining long-term study. In L. Gitelman (Ed.), *"Raw data" is an oxymoron* (pp. 147–166). MIT Press.

Ross, L. (2012). On contradictory regulations. *Architectural Research Quarterly, 16*(3), 205–209. https://doi.org/10.1017/S1359135513000043

Wright, J. M., & Maxwell, N. (2017). *Caring Wood.* RIBA. https://www.architecture.com/awards-and-competitions-landing-page/awards/riba-regional-awards/riba-south-east-award-winners/2017/caring-wood

CAPÍTULO 5

PREFACIO DEL EDITOR

En el siguiente ensayo, Izabel Amaral se centra en las dimensiones no cuantificables e inmateriales de la arquitectura sostenible. Ella destaca que la disciplina de la arquitectura en su núcleo encarna una tensión entre las visiones artísticas y de ingeniería: entre la idea y su manifestación material. Al fundamentar sus argumentos en la teoría de la tectónica, Amaral destaca que cualquier resultado que vemos en el mundo real es el resultado de un proceso basado en una idea, una idea que precedió al trabajo. El proceso de creación se centra entonces en pasar de una idea a un resultado. Esto requiere sentidos inmateriales, que abarcan la mano humana, el oficio, las realidades materiales y los juicios estéticos, que, según ella, siempre son visibles y están presentes en el resultado final. Ella sostiene que al reposicionar la artesanía, la estética y los materiales tradicionales en el centro del debate sobre la arquitectura sostenible, puede surgir un nuevo paradigma que permita que los edificios sostenibles encarnen sentidos inmateriales, comuniquen nuevos significados y revelen los nuevos potenciales. A través de un ejemplo de trabajo de estudio, el ensayo ejemplifica cómo la dialéctica entre las visiones artísticas y las realidades técnicas y de ingeniería se puede negociar con más éxito en el proceso de realización. El ejemplo muestra que las ideas, la artesanía y los materiales se entrelazan para crear expresiones culturalmente relevantes como una dimensión de la arquitectura sostenible.

Conexiones de lo inmaterial a las tectónicas sostenibles

Izabel Amaral

Universidad Laurentian, Canadá

INTRODUCCIÓN

Con la llegada del Antropoceno, los arquitectos han comenzado a buscar más que nunca formas de reducir el impacto ambiental de los edificios. Han comenzado a abordar el problema del cambio climático al repensar cómo usamos, construimos y transformamos nuestros edificios. Dado que la construcción de edificios sostenibles requiere un uso cuidadoso de los recursos y una seria atención al bienestar de los futuros habitantes, requiere nuevas formas de fabricación, así como la reapropiación de culturas de construcción tradicionales que respeten el medio ambiente. Debido a esto, también, existe una gran necesidad de un discurso sobre la artesanía y las teorías de la artesanía como una medida relevante a considerar en las prácticas de construcción sostenible. La artesanía es más que una simple producción hábil. Participa tanto en la cultura como en la percepción de nuestro entorno construido y alberga una preocupación moral por el uso cuidadoso de materiales y técnicas.

Desde que Kenneth Frampton (1995) volvió a despertar el término *Tektonik* del siglo XIX en su obra esencial *Studies in Tectonic Culture*, la teoría actual de la tectónica como *poética de la construcción* ha sido reconocida como un medio para pensar en formas de unir los aspectos pragmáticos de la construcción con temas relacionados con la cultura, estética y fenomenología de la arquitectura. El trabajo de Frampton ha dado lugar a posteriores críticas y trabajos que han investigado el fenómeno de la tectónica desde un punto de vista teórico (Chupin & Simonnet, 2005a), y más recientemente desde una perspectiva ecológica (Beim & Stylsvig Madsen, 2014).

Pero, ¿cómo se relaciona la teoría de la tectónica con la sostenibilidad? ¿Es posible que la tectónica pueda ayudar a los diseñadores a lidiar con cuestiones de cultura, estética y sostenibilidad de la construcción? Para responder a estas preguntas, debemos comprender los factores que impulsan la importancia de la artesanía en relación con la sostenibilidad.

Las técnicas de construcción sostenible se han expresado tradicionalmente a través de la evaluación de los recursos, las emisiones de carbono o el análisis del ciclo de vida, y la mayoría de los resultados de esto toman la forma de una estrategia de comunicación directa (Beim & Stylsvig Madsen, 2014). La inclusión autoexplicativa de estrategias visuales como techos verdes o paneles solares no necesariamente equivale a que los edificios sostenibles tengan valores de calidad inmaterial. A pesar de esto, sin embargo, hay muchas formas de entender la inmaterialidad, algunas de las cuales representan la noción platónica de que las ideas preceden y son superiores a las obras de arte de la arquitectura (Emmons, 2015; Hale, 2000).

Se puede aprender mucho de un estudio enfocado de la tectónica en relación con la forma construida, particularmente a través de una investigación de cómo teóricos como Gottfried Semper y Kenneth Frampton han abordado los problemas de sostenibilidad, sabiendo que las consideraciones materiales y estéticas han prevalecido a lo largo del proceso de la larga historia que tiene el término. El debate en torno a la tectónica evoca cuestiones de gran importancia pedagógica. Como explican Chupin y Simonnet, existe una gran "disyunción entre el pensamiento formal y el pensamiento técnico", y "los estudiantes de arquitectura a menudo se dividen entre la legitimidad del discurso técnico del ingeniero y la fecundidad del discurso visual del artista" (Chupin y Simonnet, 2005b). Teniendo en cuenta la escala en relación con la percepción y la experiencia humanas, ahora pasaremos a explorar la tectónica como una pieza fundamental de la teoría del diseño que aborda las conexiones entre las escalas materiales e inmateriales relevantes en contextos pedagógicos, teóricos y prácticos.

TECTÓNICAS Y NATURALEZA EN LA TEORÍA DE GOTTFRIED SEMPER

La teoría de Gottfried Semper no puede separarse del círculo arquitectónico alemán del siglo XIX, dominado por un gran interés en la construcción, considerada, entonces, la esencia de la arquitectura. Las discusiones sobre el renacimiento histórico y la arquitectura gótica en ese momento dieron lugar a un debate sobre la noción de estilo, que también tuvo lugar en los círculos ingleses y franceses. Dos temas destacados de debate fueron la arquitectura griega, cuyos principios supuestamente se derivaron de las formas de la naturaleza, y la arquitectura gótica, cuyos principios se entendieron entonces como la exploración de las propiedades físicas de la construcción. Las preocupaciones sobre un nuevo estilo arquitectónico alemán se centraron típicamente en técnicas de construcción, nuevos materiales como hierro y vidrio y, sobre todo, referencias a la identidad nacional (Herrmann, 1992). Esta discusión consideró las adaptaciones de los modelos griego y gótico, lo que planteó cuestiones éticas, porque la mezcla del sistema griego de postes y vigas con un sistema abovedado parecía ser discrepante desde un punto de vista artístico. Durante mucho tiempo, la pregunta de Heinrich Hübsch sobre la creación de un nuevo estilo alemán quedó sin respuesta. Como señala Mallgrave, las discusiones del siglo XIX conducen a una distinción entre dos nociones fundamentales, la de estilos en plural, para hablar de diferentes escuelas y períodos artísticos, y la de estilo en singular, referida al acto artístico. que tiene lugar en el universo intelectual humano (Mallgrave, 1983).

En el tratado de Karl Wilhelm Bötticher sobre ornamentos arquitectónicos, *Die Tektonik der Hellenen* (1852), la tectónica se refiere a la actividad de la construcción, y más particularmente a la actividad que eleva la construcción al ámbito de lo artístico (Mallgrave, 1983). La teoría de Bötticher describe la arquitectura como un universo de formas dinámico e infinito, donde la tectónica articula la función, la estructura y la dimensión simbólica de la arquitectura. Bötticher (1992) sostiene que los estilos arquitectónicos se definen primero por el sistema de techo que da forma al espacio de abajo. Por tanto, la creación de un nuevo estilo depende únicamente de una nueva solución constructiva. Sin embargo, según Mitchell Schwarzer, lo que propone Bötticher es una doctrina arquitectónica real que comprende cuatro temas: el plano, el techo, los soportes y las relaciones espaciales (Schwarzer, 1993). La tectónica de Bötticher se refiere a una teoría de la estética arquitectónica, que asume que "la belleza de la arquitectura proviene exactamente de la explicación de los aspectos mecánicos del edificio" (Bötticher, 1852). Esta teoría de la estética se opone a la filosofía de la estética hegeliana, que concebía que el arte debería estar libre de su material (Schwarzer, 1998). Rechazando la idea de que la arquitectura es una forma de arte menor debido a sus necesidades mecánicas, el arquitecto alemán también deplora que la filosofía de la estética ignore sus aspectos materiales.

Gottfried Semper, con su imponente obra *Der Stil*, publicada en 1860-63, busca dar una respuesta definitiva al debate sobre la cuestión del estilo. Semper, sin embargo, no busca responder a la pregunta de Hübsch, *¿En qué estilo debemos construir?*, ni propone una respuesta tajante a la pregunta *¿Qué es el estilo?*. Por el contrario, desarrolla una notable teoría del estilo, que implica una nueva explicación de los orígenes de la arquitectura. Aunque *Der Stil* se presenta como un libro de texto de estética práctica que contiene una teoría empírica del arte, Mallgrave postula que es más bien un tratado teórico sobre estilo que tiene como objetivo reconocer sus condiciones materiales y técnicas subyacentes (Semper, 2004, p.18). Y esta noción titular representó el mayor objetivo de la vida de Semper. Como explica Mallgrave (1983), en la búsqueda de una noción de estilo, Semper empleó un proceso relativamente continuo entre 1834 y 1870, pasando de un trasfondo técnico y materialista a una comprensión de los temas o ideas básicas de las obras de arte. Su máxima definición de estilo se refiere al trabajo artístico y su proceso. El hecho es que la teoría de Semper, incluso si se ha cuestionado su explicación de los orígenes históricos del arte, todavía tiene un potencial reflexivo que la teoría de la arquitectura aún debe abrazar por completo. Este potencial requiere una reinterpretación contemporánea de su teoría, incorporando su definición del término *tectónica*.

La idea de Semper de que las técnicas tienen connotaciones simbólicas se puede ver en una ilustración particular de un grabado egipcio. En el grabado, dos personajes hacen un nudo alrededor del corazón del faraón, uniendo haces de papiro y flores de loto, que simbolizan la unificación del Bajo y Alto Egipto en un solo imperio. Esta imagen forma parte de un argumento sobre el nudo como símbolo artístico, la premisa de que los textiles son el arte en el origen de la arquitectura.

El arte de la tectónica (carpintería) ocupa ciento cuarenta y una páginas de *Der Stil* y se describe como el arte de construir con madera, que va desde pequeños muebles hasta edificios completos. La noción forma parte de la premisa de que cuatro motivos técnicos llevaron al desarrollo de la arquitectura y podrían utilizarse para explicar su naturaleza artística. Estos cuatro motivos técnicos, textiles, cerámica, tectónica (carpintería) y estereotomía (corte de piedra), se analizan en *Der Stil* en términos de sus respectivas relaciones con la arquitectura. La teoría del libro explica la evolución histórica de los ornamentos desde sus raíces materiales y técnicas hasta, eventualmente, los orígenes de la arquitectura. Para Semper, la arquitectura no es solo la explicación de las propiedades estáticas de la construcción, sino algo cuyo significado simbólico se relaciona con sus orígenes técnicos.

Semper identifica cuatro categorías de materias primas (o materiales básicos). Son flexibles, como la tela; flexibles y maleables, como la arcilla; largos y elásticos, como la madera; y fuertes y densos, como la piedra. Cada material primitivo se considera el medio ideal para una técnica diferente. Las telas se utilizan para tejer; la arcilla se usa para la cerámica; la madera se utiliza para los marcos; y la piedra se utiliza para la estereotomía. La metalurgia, sin embargo, se clasifica de manera diferente. La premisa de los cuatro motivos técnicos tiene que ver con otro aspecto importante de la teoría de Semper: el argumento de los cuatro elementos de la arquitectura, presentes tanto en *Der Stil* como en su ensayo homónimo (Semper, 1989). Estos tres cuartetos (materiales, motivos y elementos) forman parte de la misión de Semper de explicar el origen de la arquitectura, algo que a su vez coincide con el desarrollo de la arqueología en el siglo XIX. Los cuatro elementos se definen como el hogar o espacio (*der Herd*), el podio o el montículo (*der Erdaufwurf*), el recinto (*die Umfriedigung*) y el techo (d*as Dach*). En opinión de Semper, el hogar es el elemento moral del edificio. Tiene su origen en el fuego sagrado alrededor del cual los hombres se agruparon y organizaron originalmente. Los cuatro elementos de Semper comprenderían el arquetipo original de formas arquitectónicas clásicas, una idea ilustrada por la famosa cabaña caribeña. En definitiva, sus elementos se relacionan con aspectos que se consideran simultáneamente funcionales y simbólicos. Lo que hace que la teoría de Semper sea original es que sus cuatro elementos no tienen formas a priori, sino que se derivan de materias primas y técnicas industriales. Incluso tienen un potencial intercambiable (*Stoffwechseltheorie*), que se muestra en el diagrama sintético presentado en la Figura 5.1.

Semper ve la madera como el material más arquitectónico por su potencial para formar estructuras articuladas, ilustradas a través de imágenes de muebles y techos (Semper, 1989). Así, en la teoría de la carpintería de Semper, los marcos rígidos son análogos a los marcos textiles flexibles, lo que permite que las construcciones de madera incorporen fácilmente motivos textiles decorativos. En consecuencia, la expresividad del arte de la tectónica es el resultado de referencias estéticas externas y de las características físicas de su material (elasticidad, flexibilidad, ligereza y posibilidad de ser cortado en diferentes formatos) (Semper, 1989, pp.624-639). En resumen, la conexión entre escalas materiales e inmateriales en la teoría de la forma de Semper se refiere al fenómeno de la expresividad como intrínseco a técnicas, como la carpintería, así como a cómo ciertas técnicas permiten al arquitecto incorporar referencias y ornamentos significativos. En resumen, los elementos de Semper se relacionan con aspectos que se consideran tanto funcionales como simbólicos. El potencial del argumento de Semper, al reconocer que las funciones básicas de un edificio son culturalmente simbólicas, puede ser explorado por cualquier diseñador como una forma de conectar el material con escalas inmateriales. Semper sostiene además que el material es clave para comprender la forma artística, pero no es suficiente para crear formas de arte. "El material solo sirve a la idea; es mejor o menos adecuado para tal o cual propósito artístico que otro y se elige en consecuencia sin afectar los principios básicos del arte" (Semper, 1989, p. 651). "[...] El material es solo uno de los determinantes del arte y la arquitectura, pero no es el único. Por tanto, el artista está obligado a dar énfasis al material" (Semper, 1989, p. 243)[1].

---

[1] Este argumento también está presente en (Semper, 1984).

Figura 5.1 Diagrama tridimensional que resume la teoría de Semper

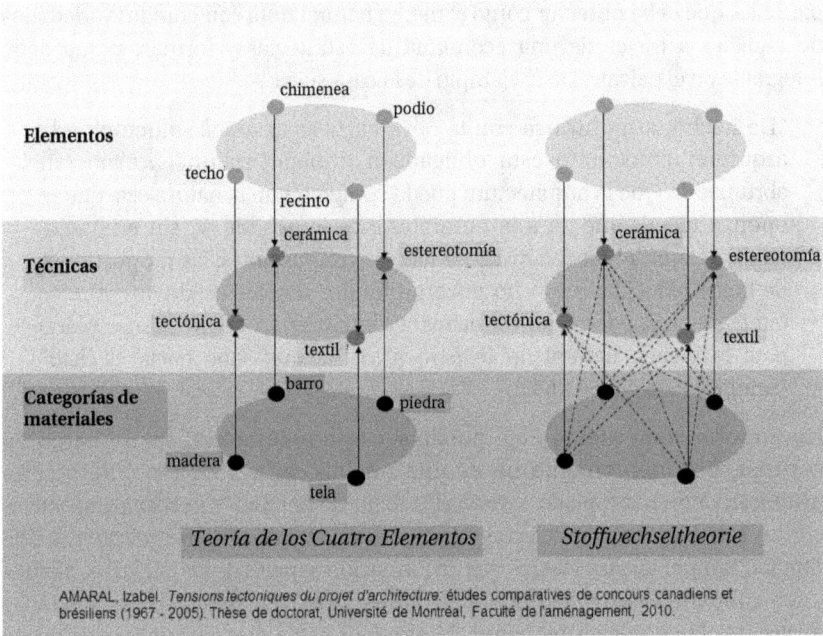

AMARAL, Izabel. *Tensions tectoniques du projet d'architecture*: études comparatives de concours canadiens et brésiliens (1967 - 2005). Thèse de doctorat, Université de Montréal, Faculté de l'aménagement, 2010.

Notas:

- (izquierda) las relaciones entre elementos, técnicas y materiales; (derecha) la teoría de la transformación material (*Stoffwechseltheorie*),
- (derecha) las líneas diagonales representan las posibilidades intercambiables entre técnicas y materiales.
- Adaptado a partir de Amaral (2010). La mayor parte del tiempo, el trabajo de Semper ha servido para discutir el contexto del proceso de diseño, tanto para el arquitecto como para los artistas, con una insistencia en las relaciones estéticas y simbólicas entre materiales, formas y procesos. Una pregunta que surge es la siguiente: ¿es válido considerar los argumentos de Semper como una forma de pensar en la arquitectura sostenible?

Aunque Semper es contemporáneo del pionero estadounidense del ambientalismo, George Perkins Marsh, la primera edición de *Der Stil* apareció tres años antes que *Man and Nature* (1864) de Marsh. La búsqueda de Semper de los orígenes de los ornamentos se puede comparar con la de Charles Darwin en *Origins of Species*, publicado un año antes que la obra de Semper (Mallgrave & Contandriopoulos, 2006, p. 547). Sin embargo, contrariamente a la hipótesis evolucionista de Darwin, Semper aboga especialmente por una arquitectura que sea consistente en el uso de sus materiales y ornamentos, sin buscar la manera de explicar un linaje evolutivo de ornamentos. Semper proclama la existencia de una relación de causa y efecto entre material y forma: una relación ideal que justifica en base a los orígenes técnicos de los ornamentos. Insiste a lo largo de su discurso en que la arquitectura debe inspirarse en la naturaleza y sus patrones, que debe observar cómo el medio natural trata con grandes variedades de especies a través de una economía de estrategias y formas, y que debe integrarse en el paisaje. Da el ejemplo de la casa suiza:

> "De hecho, armonizarse con la naturaleza es la única solución de la arquitectura cuando está obligada a trabajar en un entorno tan abrumador. Que la arquitectura pueda competir con la naturaleza, que se oponga efectivamente a la naturaleza, es imposible. Y, sin embargo, también aquí se pueden discernir efectos contrastantes: las proporciones de bajos reducidas, el techo poco profundo, el color cálido, los cuartos familiares cómodamente estrechos, todo sirviendo como primer plano para la escena natural noble pero algo fría que sube hacia el cielo" (Semper, 1989, pp.691-692).

No importa cuán memorable pueda ser este argumento, sin embargo, la naturaleza evidentemente no es una noción central en *Der Stil*, y sería históricamente inapropiado revisar el trabajo de Semper y buscar perspectivas críticas sobre los drásticos efectos de la industrialización. En los *Prolegómenos* de *Der Stil*, Semper analiza los tres ejes de formación a través de los cuales las plantas y los animales desarrollaron sus atributos formales: simetría, proporción y dirección. Luego describe cómo, al emplear estos ejes en una variedad de combinaciones, podemos comprender las formas del mundo natural. Semper se interesó por la naturaleza como principio creativo y formalista. Una vez dijo: "El arte, como la naturaleza, muestra una variedad similar de combinaciones pero no puede exceder los límites de la naturaleza ni en una pulgada; sus principios de configuración formal deben estar en estricta conformidad con las leyes de la naturaleza" (Semper, 1989, p. 92).

La naturaleza representa un paradigma estético para Semper, pero no se acerca a una lógica simbólica contemporánea de edificios sostenibles, que reflejan cómo "el nuevo paradigma en las artes de la construcción se basa en modelos ecológicos" (Guy & Farmer, 2000, p. 79). La teoría del arte y la arquitectura de Semper ciertamente tiene mucho que contribuir a las prácticas de construcción sostenible, y aborda una de las misiones de los edificios sostenibles: "inspirar y transmitir una identificación cada vez mayor con la naturaleza y el mundo no humano" (Semper, 1989, p. 80).

El filósofo alemán Gernot Böhme (2016) invocó uno de los diálogos de Platón sobre la belleza, que aborda su relación con la idoneidad de la materialidad. Como señala, la dicotomía de forma y material corre paralela a la dicotomía de forma y función, tal como la formuló por primera vez Platón. Para el filósofo griego, la belleza está asociada a la elección del material más adecuado, conciliando así forma, material y función. Por lo tanto, un cucharón dorado no puede considerarse hermoso, pero un cucharón de higos puede "incluso hacer que la sopa huela mejor" (Böhme, 2016, p.49). La estética, dice Böhme, está relacionada con la "atención sensual-afectiva a las cosas". Sin embargo, este tema es sorprendentemente intrincado para las condiciones económicas, como señala Böhme. Existe una desconexión entre el engaño y la imitación de materiales, que disocia el material de un objeto de su apariencia real. Para Böhme, la desconexión entre los acabados exteriores y los interiores, que a menudo se derivan de la economía, es cada vez más evidente a medida que uno intenta hacer que algo se vea igual y al mismo tiempo hacer que cueste menos.

El trabajo de Semper nos recuerda la importancia de los materiales, particularmente las materias primas, como pieza del rompecabezas que es la sostenibilidad. El material puede ser una perspectiva desde la que pensar en la sostenibilidad. También puede recordarnos que los materiales influyen en múltiples escalas: forma, proceso y cultura. Sin embargo, ¿cuáles son las categorías actuales de materias primas? ¿Se pueden idealizar los materiales, como en la teoría de Semper?

Desde una perspectiva sostenible, ha habido un cambio en la comprensión de los materiales ideales. Semper imaginó cuatro categorías principales de materias primas naturales. Hoy, sin embargo, los materiales ideales ya no pueden generalizarse y aplicarse de manera prescriptiva. Ahora hay que considerar el transporte, la eficiencia energética, la limitación del uso de recursos no renovables, y las alternativas a los sistemas ecológicos de producción, consumo y gestión de residuos. La percepción estética actual de los materiales incluye una apreciación del proceso tanto como de cualquiera de los resultados.

TEORÍA DE LA TECTÓNICA DE FRAMPTON: TOPOGRAFÍA, FENOMENOLOGÍA Y RESISTENCIA

El final del siglo XIX fue una fase importante para la teoría arquitectónica. Las discusiones sobre la materialidad, característica de las obras de Bötticher y Semper, dieron lugar a otro tema que llegaría a jugar un papel central en la teorización de la arquitectura: la noción de espacio. Junto con la noción de función, las discusiones sobre el espacio eclipsaron la mayor parte del debate sobre la materialidad durante el siglo XX. Sin embargo, desde la década de 1980, la tectónica se ha convertido en uno de los principales temas del debate contemporáneo, junto con la semiótica, la fenomenología, el deconstructivismo y el regionalismo crítico (Nesbitt, 1996).

Partiendo del debate histórico sobre la tectónica, fuertemente documentada por una serie de seis estudios de caso sobre la arquitectura moderna, la contribución de Kenneth Frampton al estudio de la arquitectura moderna se basa en el debate histórico sobre la tectónica, y representa una inmersión en una interpretación aún más sofisticada de arquitectura, apoyándose en referencias a los desarrollos contemporáneos en fenomenología, semiótica y teoría sociopolítica. Más específicamente, Frampton muestra cómo los arquitectos modernos han puesto en práctica un enfoque refinado de la construcción que aborda cuestiones estéticas, socioeconómicas y técnicas. La teoría de la tectónica de Frampton postula que la arquitectura comprende una denominada dimensión ontológica, correspondiente a su manifestación física, y una dimensión representacional, correspondiente a la manifestación de un salto poético. Así, cuando la arquitectura se encuentra en lo que el autor llama modo tectónico, las relaciones de la forma arquitectónica con su materia física son tan legítimas que el objeto pertenecerá simultáneamente a la esfera técnica, así como a una esfera sensible, simbólica y cultural.

Muchas ideas unen los argumentos de Semper y Frampton. Por ejemplo, existe la insistencia en el fenómeno de la fidelidad a los materiales y al lugar, lo que se traduce en una *propensión a lo táctil*. Dejando de lado cualquier tendencia doctrinal, vale la pena señalar que los análisis de la arquitectura de Semper y Frampton finalmente toman la forma de declaraciones teóricas sobre las nociones fundacionales de la disciplina. En el caso de Semper, su enfoque evolutivo busca la virtud en los mitos de la cabaña primitiva, los cuatro elementos de la arquitectura y las cuatro artes técnicas. En el caso de Frampton, el debate se centra en cuestiones contemporáneas, como la relación con el lugar, el cuerpo, la percepción, la imagen y el significado, así como la etnografía. Para ambos teóricos, la artesanía arquitectónica representa un compromiso moral entre la estética y la construcción. Este compromiso moral involucra la relación entre material y forma, pero también involucra la ética social, ya que Frampton sostiene que la buena arquitectura debe resistir las fuerzas del capitalismo y el proceso global de mercantilización (Frampton, 1995, p. 377).

De Semper a Frampton, el discurso sobre la percepción estética ha pasado claramente de un enfoque formalista, que enfatiza los atributos formales de la arquitectura, a considerar el papel social de las experiencias en la percepción estética. Los trabajos de Gernot Böhme explican cómo la experiencia estética se relaciona no solo con el cuerpo sino también con una parte afectiva sensual de las experiencias culturales (Böhme, 2016).

El trabajo de Dimitri Pikionis ejemplifica para Frampton cómo la topografía se relaciona con la tectónica. La relación entre edificio y sitio está determinada principalmente por el acto de transformación y percepción. El paseo de Pikionis en Atenas es más un acto de collage que un proceso de diseño, dice Frampton, ya que su pavimento se realizó con piezas sobrantes de mampostería y escultura, por lo que no muestra exhibicionismo tecnológico. La dimensión topográfica y la noción de sitio se relacionan con la forma en que el cuerpo humano percibe tanto el entorno natural como el construido. La mera presencia de un edificio en el suelo es la primera forma de contacto que el cuerpo humano hace con la arquitectura, mediante el acercamiento al lugar (Frampton, 1995, pp.8-11). La edificación altera la dimensión topográfica, evocando una expresión que Frampton toma prestada de Vittorio Gregotti: la *modificación arquitectónica*, que es el encuentro inevitable de lo artificial con lo natural. Para Gregotti, un edificio influye en el sitio de manera recíproca. Luego, considerando el proceso cognitivo de la metáfora, Frampton explica cómo uno comprende y estructura sus experiencias y enfatiza cómo el cuerpo usa su experiencia táctil de la realidad para reconstruir el mundo. Es así como las formas arquitectónicas tienen un impacto psicofísico en el ser humano. Las múltiples percepciones humanas del objeto arquitectónico pueden ser "experiencias táctiles contrastantes" en relación con la luz, los olores, las texturas, o diferentes sensaciones relacionadas con el cierre, la apertura, etc. (Frampton, 1995, p.12). Pero, ¿cómo se crean y estimulan estas experiencias táctiles? ¿Cómo se forma a otros arquitectos para que hagan lo mismo?

Figura 5.2 Trabajo de estudio de primer año, estudio sobre las nociones de trabajo de techado y movimiento de tierras (2018)

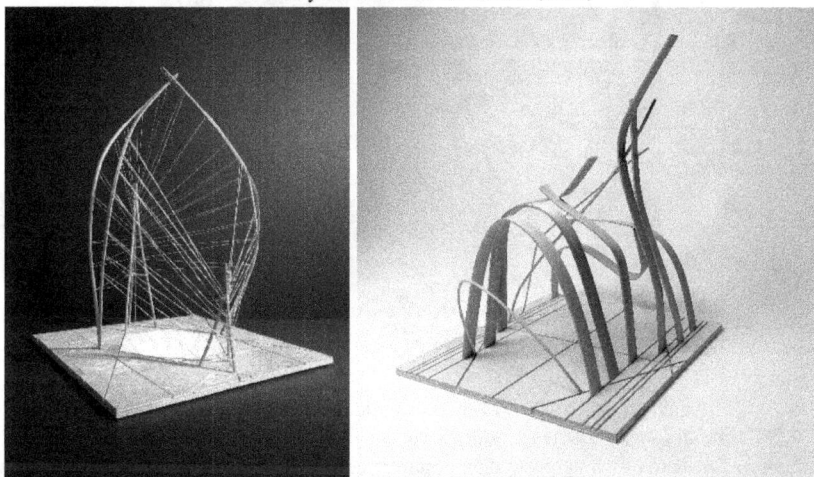

Notas:
- La tarea comenzó con la preparación de la base del modelo y creación de ranuras, luego, limitada a las ranuras, los estudiantes experimentarían con la construcción de una estructura de techo con madera, hilo dental y alambre. Como no se permitía el pegamento ni los clavos, los modelos constituyen más que representaciones, son, sobre todo, experimentaciones constructivas de materiales, formas y fuerzas, que enseñan a construir desde cero.
- Trabajo estudiantil, cortesía de Brook-Lynn Roy (izquierda) y Sarah Chin (derecha)

Figura 5.3 La actuación *Dancing Geometry* presentada en la 3ª Nuit Blanche.
Sudbury, Ontario (2019)

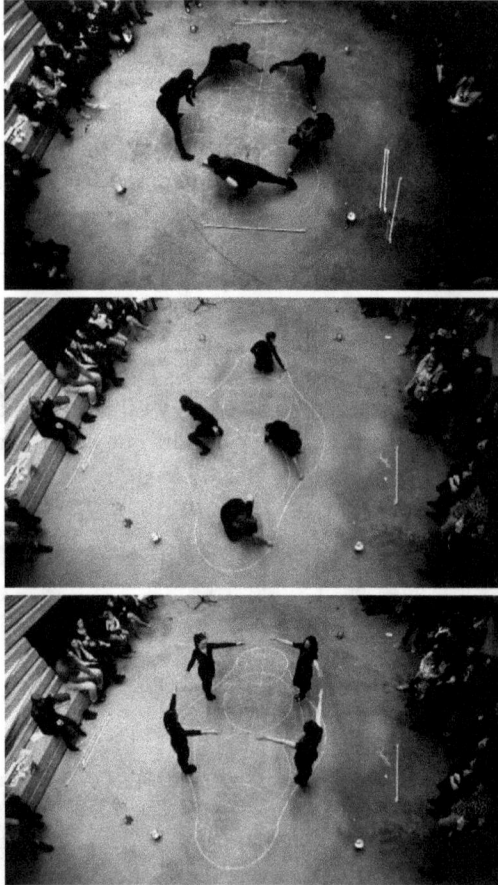

Notas:

- El suelo se utilizó como una extrapolación de dibujos sobre papel, y como generador de formas arquitectónicas.
- (izquierda) una demostración ornamentada de la construcción de Euclides de un pentágono; (centro y derecha) el plano a escala 1:3 del *San Carlo alle Quattro Fontane* de Borromini
- Realizado por: Izabel Amaral, Kayla Korb, Cassidy Duff, Brianna Lafrenière, Sarah Tyler. Derechos de autor: Izabel Amaral

La relación de la arquitectura con el suelo se basa fundamentalmente en la física de la construcción. No hay edificio sin base. Es inevitable. En los tres "recordatorios para arquitectos" de Le Corbusier (volumen, superficie, plano), el plano es un "generador de volumen y superficie", y la estructura, dice, "se eleva desde la base y se desarrolla de acuerdo con una regla escrita en el suelo en el plano" (Le Corbusier, 1924, p. 9). Las obras de Semper, Bötticher y Frampton consideran la huella en el suelo como un factor determinante de la expresión arquitectónica. La huella incluye ocuparse de las condiciones geográficas, accesos, orientación, suelos y movimiento de tierras. Sabemos que los constructores de catedrales medievales solían trazar planos, secciones y dibujos de elementos arquitectónicos en un suelo de yeso 1:1, hecho que refuerza los argumentos de Frampton. De hecho, el plan fue un generador de estructura. Como explica Robin Evans (2000, p.226), por ejemplo, las geometrías complejas dibujadas en la planta permitieron a los constructores crear sofisticadas bóvedas de crucería en catedrales góticas. Por lo tanto, considerando la relación con el sitio y los conceptos de modelado del terreno (Earthwork) y la cubrición (Roofwork), trazado y tramo fueron un punto de partida para la experimentación pedagógica relacionada con la tectónica y la investigación-creación (la Figura 5.2 y la Figura 5.3 presentan ejemplos de estas experimentaciones pedagógicas relacionadas con la tectónica y la investigación-creación).

UNIR EL SENTIDO INMATERIAL Y LA CREACIÓN DE FORMAS

En el discurso pluralista que existe sobre el término *tectónica*, reside un signo de pensamiento crítico saludable sobre la forma, el material, la topografía, la naturaleza y la percepción, que es crucial para las prácticas de diseño sostenible. Para Semper, la conexión de lo material con lo inmaterial se refleja en la expresividad de técnicas, como el nudo, que movilizan referencias simbólicas a través de la ornamentación. Para Frampton (1995), una dimensión representativa completa de la arquitectura surge del encuentro de lo artificial con lo natural, la construcción y el sitio, y una percepción corporal táctil del mundo construido. Estas contribuciones transmiten los principios básicos del diseño sostenible, que incluyen juicios morales de belleza, como el ser fiel a los materiales. También incluye consideraciones que van desde las preocupaciones al cuerpo, el sitio y las culturas locales. Estos principios están de acuerdo con el entendimiento de "diseño sostenible como el diseño de espacios vibrantes y lugares culturales que hace de la salud ambiental una condición igualmente importante" (Cucuzzella, 2015, p. 88).

En la filosofía del arte de G.W.F. Hegel, la arquitectura y la poesía se sitúan en polos opuestos, siendo el primero el arte más material y el segundo el más inmaterial. Las ideas de Hegel han perseguido a la arquitectura a lo largo de la historia, por lo que los arquitectos han luchado por liberar a los edificios de su materialidad y han tratado de justificar que la arquitectura podría ser tan intangible como la poesía. La teoría de la tectónica intenta reconciliar los polos opuestos de Hegel a través de la estima por la materialidad. Hoy, debido a una insistencia en la relevancia de la experiencia humana del entorno construido, debería ser un componente indiscutible de las prácticas de diseño sostenible, aunque solo aborde el tema de la sostenibilidad de manera indirecta. La teoría de la tectónica, sin embargo, se centra principalmente en los aspectos visuales y perceptivos de los edificios, y aunque Frampton considera una visión amplia de la experiencia humana, el discurso sobre la tectónica se relaciona con la percepción de un producto final. En la actualidad, necesitamos encontrar sistemas alternativos de producción y formas de hacer a través de procesos de producción ejemplares, que se puedan explorar en situaciones pedagógicas.

Para diseñar de manera sostenible, es muy importante que observemos cómo los edificios pueden ser impermanentes, para representar así un regreso a la naturaleza. Algunas estrategias de diseño se centran en la eficiencia de los recursos, limitando nuestro consumo de recursos materiales al restringir directamente la cantidad de material utilizado en los edificios. Tanto la construcción con una pequeña cantidad de materiales ligeros, como la optimización de la relación calidad-peso, son estrategias relevantes que los diseñadores pueden utilizar para incorporar prácticas sostenibles en sus formas arquitectónicas. Otras estrategias también pueden incluir edificios pensados para que puedan ser desmontados, reciclados y reutilizados, así como edificios que aborden nuevos métodos de nulo consumo, emisión o residuos (Sobek, 2010, p. 35). También existen preocupaciones sobre qué técnicas de construcción deberían promoverse más. Debido a los desarrollos recientes en las industrias de la madera, las tecnologías de la madera se han promovido, sin lugar a dudas, como un medio para lograr un mundo ambientalmente sostenible, y los proponentes citan su potencial para el almacenamiento de carbono y la eficiencia como recurso renovable (Dangel, 2017). Por ello, revivir el debate histórico sobre la tectónica es de suma importancia, ya que existen muchos principios fundamentales relacionados con los edificios de madera como paradigmáticos de la arquitectura. Uno podría esperar que los materiales de madera de hoy incluyan formas tradicionales de construcción, así como productos de madera de ingeniería reciente, que requieren una salida formal totalmente nueva. La educación arquitectónica tiene que abordar ambas circunstancias, la consideración de la artesanía es relevante para crear una arquitectura con significado.

Estimular la artesanía y la estética puede ser una forma de abordar los nuevos cambios de paradigma en el discurso sobre la sostenibilidad, como afirman Ruby y Ruby, "la transición de una sociedad fósil a una posfósil nos permite adoptar una forma más fructífera de lidiar con el excedente: el arte de gastar" (Ruby & Ruby, 2011, págs. 15-16). A la educación arquitectónica le tomará algún tiempo para reprogramarse. Considerando la crítica radical de la economía de Georges Bataille, la sociedad debería gastar sus excedentes de producción a través de nociones como exceso y gasto en lugar de reinvertir en la producción, como en una economía capitalista tradicional (Ruby & Ruby, 2011).

POESIA COMO ESTRUCTURA:
LA NATURALEZA INMATERIAL DE LAS TECTÓNICAS SOSTENIBLES

La pedagogía de diseño y construcción presupone la transferibilidad del aprendizaje de proyectos a pequeña escala, perseguidos en un contexto educativo, a proyectos a gran escala en la práctica profesional. Las opciones de materiales y los métodos de construcción deben considerarse en el contexto de la sostenibilidad sociocultural, ambiental y económica. Además del diseño de un edificio, esta pedagogía requiere el diseño de otros procesos necesarios asociados con el edificio y, la mayoría de las veces, esta práctica lleva más tiempo que los proyectos de estudio tradicionales (Stonorov, 2018).

De acuerdo con las recientes prácticas socialmente arraigadas en la arquitectura canadiense, la creación de una nueva escuela de arquitectura en el norte de Ontario fue objeto de un largo proceso que involucró, entre otros, a la Universidad Laurentian, las comunidades francófonas e indígenas del área y los ciudadanos de la ciudad de Sudbury. El producto de un proyecto colaborativo, la Escuela de Arquitectura McEwen, fundada en 2013, incluyó una pedagogía de diseño y construcción destinada a estimular el diálogo con las industrias locales y a funcionar de acuerdo con el mandato tricultural de la universidad que une las culturas anglófona, francófona e indígena. Como profesora de estudio para estudiantes de primer año, enseño a un grupo francófono. Cada año, el estudio participa en el proyecto de una estación de hielo, diseñada en el otoño, construida en el invierno y luego colocada en un lago en el centro de Sudbury. Partiendo de la idea de que "la arquitectura no llegó para quedarse" (Sobek, 2010), las estaciones de hielo están hechas completamente de madera y diseñadas para ser desmontadas y recicladas. Como experiencia pedagógica, vincula una experiencia práctica a un enfoque *De la cuna a la cuna* (*De la cuna a la cuna. Rediseñando la forma en que hacemos las cosas;* en inglés: *Cradle to Cradle: Remaking the Way We Make Things*) orientado a los edificios. El mayor desafío se refiere al equilibrio entre un impulso creativo y estrategias racionales para la reutilización de la madera. Incluso si el experimento de la estación de hielo representa un diseño a pequeña escala, este aborda cuestiones importantes, desde el proceso de diseño y las estrategias de construcción sostenible hasta la interpretación de un lugar del norte[2].

En el contexto de un entorno predominantemente anglófono, la minoría francófona de Ontario tiene tendencia a una actitud fatalista hacia su propio destino, desarraigándose así de su propia identidad cultural (Cazabon, 2007). Para el grupo, el riesgo de asimilación lingüística está matizado por su inclusión en una neofrancofonía producto de la diversidad cultural y la globalización (Baudu, 2014). ¿Cómo se diseña para tal contexto y cómo se comunica a los estudiantes

---

[2] Una nueva cobertura del proyecto se ha llevado a cabo a través de CTV news: https://northernontario.ctvnews.ca/video?clipId=1896331

que su diseño puede tener una influencia positiva en la comunidad francófona local?

Volviendo a la literatura, como en la obra del dramaturgo Jean-Marc Dalpé, se pueden encontrar referencias a un *lieux de mémoire* (lugares de memoria) y una identidad colectiva asociada con el lugar: en concreto al paisaje inhóspito del norte de Ontario (Hotte, 2008). Para Hotte (2008), la literatura francesa del norte de Ontario hace referencia a lugares comunes, como pueblos y casas, como si fueran emblemáticos del lugar. El poema *Gens d'ici* (1974), de Jean-Marc Dalpé, se leyó en el comienzo del proyecto de la Estación de Hielo, y se inscribió un extracto del texto en el interior del edificio. Ambas acciones se tomaron como un medio para generar una comprensión cultural más sólida del sitio y reconectar los polos opuestos de la poesía y la arquitectura de Hegel.

Figura 5.4 Actividades de construcción para la estación de hielo. Sudbury, Ontario (2018)

Notas:
- (arriba) talla del texto de Dalpé, cortesía de Jonathan Kabumbe;
- (abajo a la izquierda) producción de piezas modulares, (abajo a la derecha) ensamblaje de la estructura, cortesía de Brook-Lynn Roy

La madera fue el único material utilizado en el proyecto; no se emplearon fijadores ni pegamento, lo que da pistas sobre el objetivo de los diseñadores de producir un edificio que no fuera tóxico y fuese biodegradable. Este enfoque de la construcción fue posible gracias a una reconceptualización de la carpintería como articulación estructural, descubierta por los diseñadores mientras investigaban las técnicas tradicionales de ensamblaje. El equipo detrás del edificio deseaba optimizar sus componentes modulares y hacer la construcción lo más rápido posible. Como resultado, parte de la estructura se realizó utilizando estrategias de fabricación industrial. El poema de Dalpé, sin embargo, estaba siendo tallado a mano, lo que lo complicaba todo un poco.

Figura 5.5 Detalles estructurales de la estación de hielo. Sudbury, Ontario (2018)

Notas:
- Construcción sin fijaciones ni pegamento. Fotografía del autor.

Durante las cuatro semanas de construcción del edificio, dos equipos trabajaron simultáneamente: el primero producía las piezas modulares y el segundo tallaba el texto de Dalpé (proceso que se ve en la Figura 5.4). Cada letra puede tardar hasta 30 minutos en tallarse. Los equipos intercambiaban roles a intervalos regulares, lo que permitía a los estudiantes aprender sobre cada paso del proceso de construcción. Después de discutir cómo su proyecto sería recibido por personas que no hablaran francés, el grupo tomó la decisión de traducir las palabras clave del trabajo de Dalpé al inglés y al ojibwa e incluirlas en los bancos que rodean el edificio. El texto principal del poema está grabado en planchas horizontales que dan estabilidad lateral al pabellón y mantienen unidos todos sus componentes. Sin los tablones, toda la estructura colapsaría como un resorte y cada anillo caería hacia afuera. Debido a que la estructura era una sola entidad, esto también significaba que era imposible ensamblar sus partes por separado y luego transportarlas al sitio. La poesía proporcionó estructura a su arquitectura tanto a nivel literal como metafórico. Como en el ejemplo de Semper del nudo como símbolo artístico, se usaron trozos de cuerda de sisal para coser literalmente el poema al pabellón, reforzando la idea de que el edificio transmitía un significado simbólico.

Figura 5.6 Estación de hielo construida y vista en su contexto. Sudbury, Ontario (2018). Foto del autor

La estación de hielo actúa como un ejemplo de cómo, cuando se construye teniendo en cuenta la biodegradabilidad, es necesario mejorar el nivel de artesanía y dedicar tanta atención al proceso como al producto final. Los procesos lentos, como el grabado, permiten una apreciación profunda de los materiales, un aprendizaje profundo de habilidades y un uso eficiente de una mano de obra determinada, todo en última instancia de acuerdo con un estilo de artesanía que no apunta a una producción rápida. Teniendo en cuenta que se presume que la arquitectura de madera es un componente clave de la lucha arquitectónica contra el cambio climático, preparar a los estudiantes de arquitectura para que conozcan el trabajo con el material se vuelve cada vez más importante con cada día que pasa. Por ejemplo, el proyecto de la Estación de Hielo muestra que los ensamblajes de madera tradicionales son capaces de adoptar un gran número de formas, hecho que confirma la teoría de Gottfried Semper sobre el potencial del material en una arquitectura ejemplar (los detalles de la estructura y su ensamblaje se ven en la Figura 5.5).

Figura 5.7 Detalles del poema grabado de Jean-Marc Dalpé en los tablones horizontales de la estación de hielo. Sudbury, Ontario (2018). Foto del autor

Las soluciones pragmáticas pueden verse como un alimento activo del lado poético del proyecto arquitectónico. Para los estudiantes de arquitectura, el

conocimiento de los principios estructurales y una comprensión racional de los métodos de fabricación pueden condensar lecciones que luego se incorporarán en proyectos de mayor escala. Estos principios son necesariamente importantes para las prácticas de construcción sostenible, ya que permiten que los edificios se adapten rápidamente a las necesidades cambiantes y que los arquitectos desarrollen perspectivas más críticas sobre la ética y la autenticidad. Los sistemas de construcción modulares y racionales pueden asumir diferentes funciones a lo largo del tiempo. Esta es una cualidad deseable para los edificios sostenibles, ya que prolonga su vida útil, reduce su huella ambiental y promueve la aceptación social a largo plazo. Además, la modularidad estructural y la simplicidad pueden ser clave para abordar el diseño sostenible, potencialmente incluso convirtiéndose en un medio para retratar los edificios de una manera positiva y ecológica. La artesanía involucrada en el detalle de un edificio influye sin duda alguna en la apreciación estética y promueve un sentido de comunidad. Las imágenes del proyecto final construido y sus detalles se presentan en la Figura 5.6 y el poema grabado en la Figura 5.7.

El proyecto de la Estación de Hielo de Sudbury presenta un medio riguroso de conectar las dimensiones técnicas (materiales) y simbólicas (inmateriales) de la arquitectura. La dimensión de representación de un edificio puede relacionarse con una referencia simbólica, que en consecuencia puede incluir menos preocupaciones sobre la presencia material de la obra. Esta materialidad no es una prioridad del diseñador, sino más bien parte de una referencia simbólica que enganchará al público. En este caso, el objetivo del proceso de diseño no es el objeto en sí, sino su recepción pública. Cuando la dimensión material no está relacionada con lo material, el resultado termina siendo una especie de *almacén decorado* banal, transmitiendo un mensaje obvio destinado a un consumo rápido y fácil. Tal arquitectura estuvo en el centro de las críticas de teóricos como Semper y Frampton. En definitiva, solo cuando un proyecto demuestre una búsqueda de equilibrio entre las dimensiones técnica y simbólica, debe considerarse coherente con el concepto de tectónica sostenible, que respete las reglas de un compromiso moral con la tierra, la materia y la humanidad.

CONCLUSIÓN

La estética de los edificios sostenibles es una experiencia mediada, posibilitada por el conocimiento, tanto subjetivo como objetivo, sobre los aspectos duraderos y medioambientales de los elementos constructivos. Por ejemplo, el uso de materias primas de origen natural, como en la teoría de Semper, permite su fácil apreciación. Nuestra experiencia pedagógica muestra que, si uno desea hacer un edificio completamente biodegradable, especialmente uno construido con madera, el uso de una paleta mínima de los materiales necesarios para acometer tal proyecto requerirá una artesanía muy elaborada para tener éxito. Esto influye en la experiencia subjetiva de los usuarios y en su apreciación visual y táctil del oficio. La naturaleza del compromiso moral con el material ha experimentado recientemente una transformación significativa. Ha comenzado a pasar de una comprensión formalista, técnica y pragmática de las propiedades materiales a una comprensión cultural-simbólica. Sin embargo, si queremos asegurarnos de que la diversidad humana disfrute de una larga vida, debemos incluir una diversidad de perspectivas éticas en esta nueva comprensión lo antes posible.

REFERENCIAS

Amaral, I. (2010). *Tensions tectoniques du projet d'architecture: études comparatives de concours canadiens et brésiliens (1967-2005)*. Universidad de Montreal.

Baudu, L. J. (2014). *Les Canadiens francophones*. HD, Ateliers Henry Dougier.

Beim, A., & Stylsvig Madsen, U. (2014). *Towards an Ecology of Tectonics: The Need for Rethinking Construction in Architecture*. Edition Axel Menges.

Böhme, G. (2016). Material splendour: a contribution to the critique of aesthetic economy. En S. K. Löschke (Ed.), *Materiality and architecture* (pp. 47–58). Routledge, Taylor & Francis Group.

Bötticher, C. (1992). The Principles of Hellenic and Germanic ways of building. En W. Herrmann (Ed.), *In what style should we build? The German debate on architectural style* (pp. 147–167). Getty Center for the History of Art and the Humanities (Distribuido por University of Chicago Press).

Bötticher, K. G. W. (1852). *Die Tektonik der Hellenen* (W. Hermann (Ed.). Ernst & Korn.

Cazabon, B. (2007). *Langue et culture: unité et discordance*. Prise de parole.

Chupin, J-P., & Simonnet, C. (Eds.). (2005a). *Le projet tectonique*. Infolio.

Chupin, J-P., & Simonnet, C. (2005b). Objets et trajets du projet tectonique. En J.-P. Chupin & C. Simonnet (Eds.), *Le projet tectonique* (pp. 7–13). Infolio.

Cucuzzella, C. (2015). Is Sustainability Reorienting the Visual Expression of Architecture? *RACAR: Revue d'art Canadienne, 40*(2), 86. https://doi.org/10.720 2/1035398ar

Dangel, U. (2017). *Turning point in timber construction: a new economy*. Birkhauser.

Emmons, P. (2015). Architectural Encounters between Material and Idea. En M. Mindrup (Ed.), *The material imagination: reveries on architecture and matter* (pp. 89–106). Ashgate.

Evans, R. (2000). *The projective cast architecture: and its three geometries*. MIT Press.

Frampton, K. (1995). *Studies in tectonic culture: the poetics of construction in nineteenth and twentieth century architecture*. MIT Press.

Gottfried, S. (1860 – 1863). *Der Stil in den technischen und tektonischen Künsten, oder, Praktische Aesthetik: ein Handbuch für Techniker, Künstler und Kunstfreund* (2 volumes). Verlag für Kunst und Wissenschaft, Bruckmann's.

Guy, S., & Farmer, G. (2000). Contested Constructions: The competing logics of green buildings and ethics. En W. Fox (Ed.), *Ethics and The Built Environment* (pp. 73–87). Routledge.

Hale, J. A. (2000). *Building ideas: an introduction to architectural theory*. J. Wiley & Sons.

Herrmann, W. (1992). Introduction. En H. Hübsch et al, *In what style should we build? The German debate on architectural style*. (pp. 1-62). Getty Center for the History of Art and the Humanities (Distribuido por University of Chicago Press).

Hotte, L. (2008). Entre l'esthétique et l'identité : la création en contexte minoritaire. In J. Y. Thériault, A. Gilbert, & L. Cardinal (Eds.), *L'espace francophone en milieu minoritaire au Canada : Nouveaux enjeux, nouvelles mobilisations*. Fides.

Le Corbusier. (1924). *Vers une architecture*. Flammarion.

Löschke, S. K. (Ed.). (2016). *Materiality and architecture*. Routledge.

Mallgrave, H. F. (1983). *The Idea of Style: Gottfried Semper in London*. University of Pennsylvania.

Mallgrave, H. F., & Contandriopoulos, C. (2006). *Architectural Theory, Vol 1: An Anthology from Vitruvius to 1870* (H. F. Mallgrave & C. Contandriopoulos (Eds.). Blackwell Publishing.

Marsh, G. P. (1864). *Man and nature*. Belknap Press de Harvard University Press.

Nesbitt, K. (1996). Introduction. En K. Nesbitt (Ed.), *Theorizing a New Agenda for Architecture - An Anthology of Architectural Theory 1965-1995* (págs. 16–70). Princeton Architectural Press.

Ruby, I., & Ruby, A. (Eds.). (2011). *Re-inventing Construction*. Ruby Press.

Schwarzer, M. (1993). Ontology and Representation in Karl Bötticher's Theory of Tectonics. *Journal of the Society of Architectural Historians, 52*(3), 267–280.

Schwarzer, M. (1998). Karl Gottlieb Wilhelm Bötticher. En *Encyclopedia of Aesthetics* (p. 291). Oxford University Press.

Semper, G. (1984). Attributes of Formal Beauty (1856-59). En W. Herrmann (Ed.), *Gottfried Semper: in search of architecture* (pp. 219–224). MIT Press.

Semper, G. (1989). *The four elements of architecture and other writings* (H. F. Mallgrave & W. Herrmann [Trad.]). Cambridge University Press.

Semper, G. (2004). *Style in the technical and tectonic arts, or, Practical aesthetics* (H. F. Mallgrave & M. Robinson [Trad.]). Getty Research Institute.

Sobek, W. (2010). Architecture Isn't Here to Stay: Toward a Reversibility of Construction. En I. Ruby & A. Ruby (Eds.), *Re-inventing Construction* (pp. 34–45). Ruby Press.

Stonorov, T. (2018). *The Design-build studio: crafting meaningful work in architecture education*. Routledge.

CAPÍTULO 6

PREFACIO DEL EDITOR

El ensayo de Ted Cavanagh complementa la visión de Amaral sobre la importancia del hacer en la arquitectura sostenible. Él propone estudiar las prácticas de arquitectura sostenible a través de una cuadrícula compuesta de dos polaridades: lo global frente a local, por un lado, y adaptado frente a replicable por el otro. Utiliza la cuadrícula para explorar teorías y prácticas relacionadas con tecnologías apropiadas y de creación de prototipos. Para descifrar algunas de esas tensiones, Cavanagh estudia un proyecto construido alineado con la teoría y la práctica del diseño adecuado y lo compara con un proyecto construido que, intencionalmente, explora la teoría y la práctica de la creación de prototipos. Al basarse en la distinción entre tipos de tecnologías apropiadas y prototípicas, el ensayo destaca la localidad incrustada en la primera. Destaca el peligro de complicar la definición de tecnologías apropiadas con tecnologías ambientalmente racionales (que él comenta a escala internacional); una confusión que puede desencarnar el carácter local de la tecnología apropiada. Desde una perspectiva de la arquitectura sostenible, las cuestiones de localidad, idoneidad y comunidad están siendo reemplazadas por enfoques centrados en el medio ambiente que prometen mejoras en los componentes del edificio y, sin embargo, no abordan las preocupaciones a nivel del edificio.

Intenciones y consecuencias:
prototipos y tecnología adecuada

Ted Cavanagh

Universidad Dalhousie, Canadá

INTRODUCCIÓN

"El primer paso para desarrollar una política de la tecnociencia es pensar en la salida de cualquier determinismo historicista o necesidad imaginada con respecto a lo tecnológico. No existe una línea ordenada de modos de producción; solo existe el desarrollo conflictivo de las tecnologías. Y la exposición de esta historia abre un camino, tanto para resistir la tecno-lógica dominante del Primer Mundo como para evitar el romanticismo de los otros mundos no tecnológicos o menos tecnológicos. En un nivel práctico, artistas, críticos y arquitectos podrían articular las contradicciones entre nuestros paradigmas tecnosociales dados ... Una vez expuestas, estas contradicciones podrían renovar toda una gama de posiciones, cada una para un contexto o coyuntura específicos. Tal revisión podría incluso permitir usos "agradables" de la tecnología y, quién sabe, incluso usos utópicos." (Foster, 1987, p.63)[1].

En los campos creativos, la relación entre teoría y práctica no siempre es clara (Jorgensen, 2005). Las escalas local y global de la arquitectura también dan lugar a una mayor ambigüedad. Por un lado, la disciplina es inmóvil y las prácticas sostenibles de construcción dependen de la mano de obra y los materiales locales. Por otro lado, la tecnología es móvil y se están produciendo avances en las prácticas sostenibles en todo el mundo. Para discutir las escalas locales y globales de sostenibilidad, este capítulo estudia un proyecto construido alineado con la teoría y la práctica del diseño apropiado, y lo compara con un proyecto construido que explora intencionalmente la teoría y la práctica de la creación de prototipos.

Es probable que la teoría y la práctica sean proyectos separados pero paralelos en un cuerpo de trabajo. Diferentes proyectos de un mismo arquitecto

---

[1] Cita de las "Concluding Notes" en la página 63 de *Building, Machines* publicado por Princeton Architectural Press (editor del volumen: McCarter, Robert). Esta publicación constituía el volumen nº 12 de la serie de Pamphlet Architecture.

pueden basarse en diferentes supuestos teóricos y estrategias prácticas, al igual que pueden tener diferentes premisas. Así, un cuerpo de trabajo se puede diferenciar en proyectos distintivos de teoría y práctica. Este capítulo compara dos proyectos en la práctica y los asocia con dos teorías diferentes; el hecho de que se trate de una vista retrospectiva facilita el análisis.

Figura 6.1 Le Petit Cercle, Children's Theatre (2004)

Notas:

- Diseñado y construido en dos semanas por Ted Cavanagh, Richard Kroeker, Roger Mullin, Alden Neufeld y 23 estudiantes de la Escuela de Arquitectura de Dalhousie Dalhousie.
- Dimensiones totales: 180 asientos, escenario de 12x20 pies, longitud total de 75 pies, y anchura total de 30 pies.
- Paredes: varillas verticales de 16 pies laminadas una por cuatro sobre bloques de madera, abeto diagonal de una por tres a cada lado atornillado a las nervaduras, relleno de roca para lastre.
- Suelo: grava lisa de seis pulgadas de profundidad.
- Escenario: cubierta de piso de uno por cuatro en uno por diez con relleno de roca suspendida.
- Asiento: gradas recicladas y madera nueva.
- Otros: el tobogán del patio de recreo también funciona como entrada. Eje largo orientado al sureste para dirigirse hacia los vientos dominantes.

Mi cuerpo de trabajo incluye dos proyectos que fueron diseñados y construidos en 2004 y 2014 para el mismo cliente. Los proyectos compartían la misma ubicación y eran de tamaño similar. El teatro infantil al aire libre, Le

Petit Cercle (Figura 6.1), era una composición simple de materiales de origen local; mientras que el mercado, Le Marché Fermier (Figura 6.2), incorporó tecnología global y un diseño sofisticado. Cada edificio utilizó componentes de madera curvada de diferentes formas. El teatro usaba madera de un almacén de madera local que se había dejado a la intemperie durante el verano lluvioso, por lo que era barato y fácil de doblar. La cantidad de tensión que toleraría la madera se midió caminando en curvas y sintiendo cuándo estaba a punto de romperse, luego retrocediendo un poco. Todas las conexiones fueron convencionales, hechas con tornillos estándar para terraza y pegamento de carpintero. Los modelos y maquetas se evaluaron visualmente para verificar la constructibilidad.

Figura 6.2 Marché Fermier, Farmers' Market (2014)

Notas:

- Diseñado y construido en ocho meses por Ted Cavanagh y 14 estudiantes de la Escuela de Arquitectura de Dalhousie.[2]
- Dimensiones totales: 20 puestos de mercado, una longitud total de 75 pies y un ancho total de 20 pies.
- Paredes: hormigón vertido, curva, pared oeste de 18 pulgadas de alto, pared este de 36 pulgadas de alto.
- Techo: roble rojo (estado verde), cola de poliuretano en juntas en bisel, conexiones de acero en paredes.
- Suelo: losa de hormigón vertido
- Escenario: suelo de dos por tres en dos por ocho.
- Puestos: madera de nueva dimensión.

---

[2] The Marché Fermier, Farmers' Market es el primero de una serie de cuatro edificios de rejilla construidos entre 2014 y 2018 en Luisiana, Arizona y Nueva Escocia. Un análisis social y tecnológico de la serie de rejilla se encuentra en Verderber, S., Cavanagh, T. & Oak, A. (2019). *Thinking While Doing: Explorations in Educational Design/Build*. Birkhauser.

En el mercado, los ingenieros determinaban el tamaño de la madera. Sin embargo, se sabía poco sobre el comportamiento de la madera cuando se doblaba. Probamos diferentes secciones transversales y especies de madera en nuestro laboratorio. Nuestra selección, roble rojo de 60 mm de ancho, se obtuvo en un lote de madera regional y se cortó a medida en espesores de 20 mm. Los modelos se moldearon en yeso y otros se realizaron con software estructural. Estos se evaluaron cuidadosamente y se tradujeron en información de diseño. El diseño y la construcción fueron fases separadas e incluyeron una etapa intermedia de desarrollo del diseño utilizando instalaciones de prueba, maquetas y pruebas estructurales en el sitio (Figura 6.3). Por lo tanto, el material de los dos proyectos se puede comparar a nivel de la conexión, el edificio y los diversos dominios (minorista, mayorista, producción y gobierno), así como mediante el uso de escalado como parte del proceso de diseño.[3&4] En pocas palabras, estos dos proyectos son sostenibles de formas diferentes pero comparables.

Figura 6.3 Experimentación de diseño y construcción para los dos proyectos destacados

---

[3] Para una discusión sobre el concepto de dominios, véase Cowan, R. (1985). The Consumption Junction: A Proposal for Research Strategies in the Sociology of Technology. En W. Bijker, T. Hughes, & T. Pinch (Eds.), *The Social Construction of Technological Systems* (pp. 262 – 280). MIT Press.

[4] Para una discusión sobre el escalado como parte del proceso de diseño, consultar Yaneva, A. (2005). Scaling Up and Down: Extraction Trials in Architectural Design. *Social Studies of Science, 35*(6), 867–894. https://doi.org/10.1177/0306312705053053

COMPARAR TEORÍAS, COMPARAR PROJECTOS

Este capítulo se centra en dos conceptos teóricos: creación de prototipos (PT) y tecnología apropiada (TA), como se desarrolla en la literatura de estudios de diseño y estudios de tecnología. PT y TA tienen un campo de posiciones entre ellos. La localización de proyectos en este campo es una forma de medición crítica. Aquí, el campo se visualiza como un dominio donde varios temas tienen coordenadas de ubicación. La intención es crear un mapa para una aclaración crítica sin pretender precisión, como se ve en la Figura 6.4.

En el uso más común, PT enfatizaría lo global, mientras que TA enfatizaría lo local. La distinción local/global forma el eje x en la Figura 6.4. Como han demostrado Guy y Farmer (2001), hay muchas formas de construir de forma sostenible, y el lugar es definitivamente un factor. La localidad no puede presumir lugar. Más bien, existe una medida crítica del grado de ajuste, logrado a través de la idiosincrasia o la adaptación. La internacionalidad implica no un lugar único en un sentido utópico, sino cualquier lugar y humanidad común. El ajuste global implica la estandarización y la búsqueda de cosas en común. Por lo tanto, el ajuste se mide a lo largo del eje y, desde lo personalizado y lo adaptado hasta el (nuevo) estándar y el universal.

Figura 6.4 Un mapa para una aclaración crítica entre la creación de prototipos y la tecnología adecuada, centrándose en los factores de los dos proyectos destacados

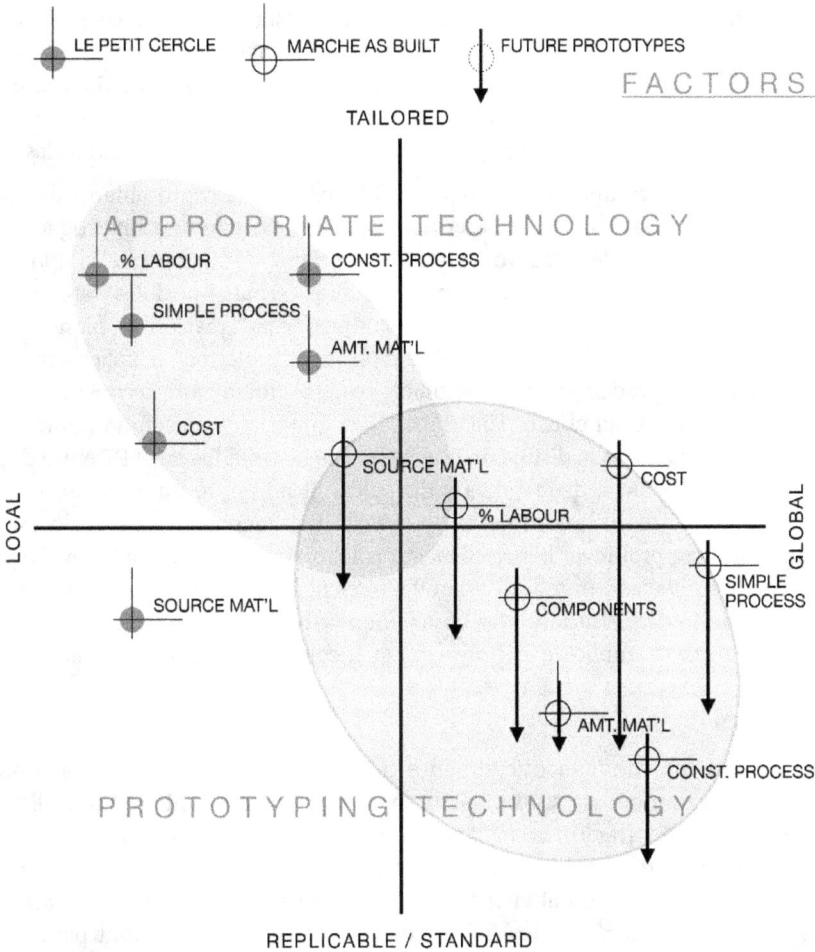

En su revisión de la historia reciente de la TA, Dean Nieusma (2004) describe el tropo de la transferencia de tecnología de la modernización para el 'Tercer Mundo'. El concepto de TA contrarresta este tropo a través de una tecnología de bajo impacto radical, pro-autónoma y sostenible. Además, generalmente se entiende que el término abarca tecnología a pequeña escala, centrada en las personas, descentralizada y localmente autónoma.[5] En la historia de Nieusma, se manifestó por primera vez como diseño universal. Desde entonces, "el diseño participativo, el diseño ecológico, el diseño feminista y el diseño socialmente responsable han ganado varios grados de legitimidad en sus esfuerzos por diseñar para grupos marginados" (Nieusma, 2004). La TA gana acólitos como una resistencia política al mercado y las fuerzas hegemónicas y, en la práctica, inclina la tecnología hacia el contexto de un proyecto y las perspectivas locales.

Este capítulo compara y contrasta la TA con un concepto abierto de PT extraído de varias discusiones teóricas.[6] La PT enfatiza una investigación orientada al futuro de lo nuevo. Varios autores ven lo técnico como "el tipo de investigación que se lleva a cabo para explorar mundos posibles", abriendo territorio a través de la "creación de prototipos" y la "creación de pioneros". (Binder et al., 2015; Callon et al., 2009)[7]. El término "prototipo" se aplica a todas las etapas de la producción arquitectónica, desde el dibujo hasta la construcción y más adelante hasta el uso (Hill, 2010). Más importante, desde un punto de vista comparativo, es la distinción que hacen los interesados en el PT entre dos tipos de democracia: deliberativa y dialógica. El primero está diseñado para agregar personas en la formación de la voluntad general, y el segundo está diseñado para promover la investigación colaborativa y, por lo tanto, explorar nuevas identidades y mundos (Jasanoff, 2012). El PT aspira a una reinscripción política de la democracia en las cosas y, en la práctica, inclina la tecnología hacia el impacto amplio de un proyecto y su incorporación al conocimiento.

Localidad

La ciudad fue fundada oficialmente por acadianos que regresaron una generación después de su expulsión en 1755 por los británicos. Longfellow describe su deportación a Luisiana y otras colonias francesas en su poema épico *Evangeline*. En Chéticamp, se cuentan historias de acadianos que evitaron la deportación al vivir tierra adentro fuera de la vista de la marina británica, una tierra que los británicos asumieron como no apta para ser poblada debido al viento extremo. Con el tiempo, la comunidad francófona desarrolló una economía pesquera y una forma de lidiar con el paisaje ventoso.

[5] Tecnología apropiada. Recuperado el 20 de septiembre de 2018, de https://en.wikipedia. org/wiki/Appropriate_technology. *Referencing OECD.* "Appropriate Technology". *Glossary of Statistical Terms.* Recuperado el 24 de abril de 2011.
[6] Los conceptos de PT se resumen en los números temáticos del *Journal of Cultural Economy* editado por Alberto Corsín Jiménez (que incluye Guggenheim, 2014) y *Visual Communication,* editado por Graeme Were (2010).
[7] Prototipo no significa "primero de un tipo" en el sentido de la cabaña primitiva de Laugier.

Chéticamp es un puerto para la pesca de crustáceos y alberga una economía fuertemente local basada en las cooperativas; no hay cadenas de empresas nacionales, algo inusual para una ciudad de tres mil habitantes. La división de los terrenos en lotes largos crea una ciudad lineal y permite a todos los residentes vistas al océano. Todo el mundo vive en la calle principal de la ciudad: una carretera costera de dos carriles llamada Cabot Trail que atrae a un cuarto de millón de turistas cada año. Chéticamp está a cinco horas en coche de Dalhousie en Halifax.

En cualquier lugar donde soplen vientos asombrosos, los lugareños tienden a darles un nombre único. En Chéticamp, los que vienen del sudeste durante el invierno y la primavera se llaman *Suettes*. Hasta cinco veces al mes, alcanzan velocidades de 200 kilómetros por hora. Bajan a toda velocidad de la meseta y atraviesan el viejo patio de recreo detrás de la escuela. Todas las tejas de la ciudad están aplanadas, con clavos dobles y superpuestas firmemente. Los camiones con semirremolques dejan de circular por las carreteras.

Chéticamp es una localidad única. Sus formas de construcción reflejan una cultura única adaptada a un clima extremo. La lengua vernácula de trabajo, e incluso algunas de las lenguas vernáculas domésticas, reflejan este contexto.[8]. Claramente, la TA estaría influenciada por la localidad.

Entrega del proyecto

Desde mediados de la década de 1980, la Escuela de Arquitectura de Dalhousie ha desarrollado una cultura de creación. Todo esto comenzó con un estudio de diseño de segundo año de seis semanas donde los estudiantes construyeron un fragmento de edificio arquitectónico y lo relacionaron con un modelo de diseño a escala 1:20 de todo el edificio. A partir de 1991, se introdujeron los FreeLabs, que continúan a día de hoy. Cada estudiante pasa por un estudio de diseño/construcción de dos semanas, una vez como estudiante y otra como graduado (Macy, 2008). Este proceso ha cimentado el diseño y la construcción de la cultura como un valor fundamental en el plan de estudios. Los FreeLabs han generado 250 proyectos durante sus veinticinco años de historia. Entre los proyectos, cabe destacar la colaboración de 2004 de tres profesores para un teatro infantil que ganó premios nacionales e

---

[8] Trabajo y lengua vernácula doméstica se refieren a la ocupación de edificios y el uso de objetos, el primero como parte de la industria local como la pesca o la mecánica automotriz y el segundo es residencial. La influencia global es más omnipresente en el ámbito doméstico, mientras que el bricolaje y el uso de materiales locales tienden a ser parte del mundo del trabajo diario.

internacionales y el Ghost Laboratory sobre el que se ha escrito extensamente (Cavanagh et al., 2005; MacKay-Lyons & Buchanan, 2008).

Durante los últimos diez años, Coastal Studio ha completado varias estructuras innovadoras diseñadas para albergar actividades comunitarias. Principalmente, financia la investigación sobre nuevas formas de construir, enseñando a los estudiantes los entresijos de la innovación. Los prototipos de edificios exitosos se donan a las comunidades para su uso. Destacan dos proyectos iniciales, una bóveda de cañón de lamelas de madera y una catenaria de ladrillo fino. Los arquitectos de principios del siglo XX, Haring y Gaudí, trabajaron con estas técnicas de construcción (Adriaenssens et al., 2014; Blundell-Jones, 2002). Utilizamos estas técnicas, actualizándolas con los avances de investigaciones recientes y proyectos construidos. Impulsamos la tecnología haciendo nuestras estructuras más delgadas y livianas y construyéndolas en un clima del norte (Cavanagh, 2013).

Coastal Studio está desarrollando una forma rigurosa de trabajar en diseño/construcción. La colaboración con otros programas universitarios de diseño/construcción ha hecho posible el análisis comparativo de la metodología. Recientemente, cada proyecto ha comenzado a ser registrado y analizado por sociólogos, antropólogos, historiadores y filósofos. Cada grupo prueba los aspectos tecnológicos y sociales de la innovación para un avance contemporáneo de las técnicas de construcción.

Nuestra versión de construcción de diseño es un experimento controlado destinado a crear un edificio prototipo en el que se prueba y amplía la aplicación actual de un sistema estructural. En el proceso de su realización, el edificio se conceptualiza mediante un proceso de simulacro o prototipado de los distintos detalles repetidos a lo largo de la obra final.

LE PETIT CERCLE - 2004

Cada mes de julio, los instructores de nuestra escuela guían a los estudiantes a través de un breve proyecto de diseño/construcción. En 2004, un grupo de tres instructores unieron sus fuerzas para construir un edificio permanente: un teatro infantil al aire libre adecuado para el festival y un futuro campamento de teatro. El primer día, teníamos un patio de juegos abandonado surrealista en una meseta de doce pies de altura detrás de la escuela, dos mil dólares y veintisiete de nosotros listos para diseñar, construir y recaudar dinero para el teatro. El día quince, teníamos un teatro diseñado, construido y casi pagado.

En 2004, la ciudad acogió el *Le Troisième Congrès Mondiale Acadien*, que celebra los 400 años de asentamiento europeo en Canadá. Se organizaron fiestas en apoyo de un centenar de reuniones familiares en toda la provincia. En Chéticamp, la iglesia y la escuela adyacente contenían tres espacios interiores adecuados para las representaciones del festival. Los organizadores agregaron algunos sitios temporales al aire libre y hablaron con optimismo de un campamento de teatro de verano permanente en el antiguo patio de recreo detrás de la escuela.

Comenzamos el primer día sin un diseño predeterminado y presentamos una serie de opciones a la escuela local y al grupo de teatro. Basándonos en sus comentarios, desarrollamos dos teatros hipotéticos: uno que se podía desmontar y abatir para el almacenamiento en invierno y otro permanente que era transparente al viento, pesado, pero perforado para reducir la carga de viento extrema. En el invierno, los barcos de pesca se izaban en tierra y se acunaban sobre estructuras simples utilizando soportes de madera doblada increíblemente delgados que sostenían los barcos y sus cargas de viento invernal. Los muelles locales se construyeron con pesebres de madera que contenían lastre de roca. Este refuerzo cultural nos persuadió a construir usando un pesebre de madera con balasto de roca para las paredes y a crear un teatro permanente con madera curvada delgada con mínima resistencia al viento, como se ve en la Figura 6.5.

Figura 6.5 Cunas de madera que contienen lastre de roca en "Le Petit Cercle" (2004)

Este método de desarrollo del diseño sorprendió a los estudiantes. Los proyectos estudiantiles no los habían preparado para elaborar opciones para el cliente ni para desarrollar una serie de estrategias de diseño en paralelo. Para el día cinco, ya no sospechaban que los instructores habían preparado un diseño secreto de antemano; y, lo que es más importante, se dieron cuenta de que los diseños en desarrollo se considerarían en términos de desempeño del edificio evaluado mediante experimentos y experiencias. A partir de ese momento, los estudiantes se convirtieron en diseñadores-constructores, clasificando detalles y trabajando en subproyectos anidados dentro del marco de diseño en desarrollo (el proceso de construcción se ilustra en la Figura 6.6).

Figura 6.6 La creación de "Le Petit Cercle", mostrando el trabajo de la cuna y la curvatura (2004)

Este marco evolucionó sobre la base de un conjunto de consideraciones pragmáticas y estéticas. Por ejemplo, era importante lastrar la estructura construida; así, la masa se añadió baja, suspendida de la estructura para evitar tocar el suelo. En otro ejemplo, la ubicación del teatro fue objeto de debate. Las exploraciones del tobogán revelaron una enorme base de hormigón. Los planes para llevar el tobogán al teatro se descartaron a favor de mantenerlo donde estaba, y el teatro se ubicó a su alrededor (como se ve en la Figura 6.7). La lluvia que llenó la excavación se convirtió en un medio para nivelar el sitio. El trabajo de la cuna se convirtió en su propio andamio. La curvatura en el plan se basó en el máximo que tolerarían los uno por tres. Afortunadamente, todavía estaban bastante verdes.

El sorprendentemente corto período de construcción de diez días generó una emoción real en la comunidad y una fuerza de propósito en los arquitectos/constructores. Todos tenían un sentido de propiedad. Los indicios del éxito del proyecto se basan en la arquitectura, pero también en el hecho de que se trata de un teatro infantil, ubicado en una localidad francófona única y que forma parte de un festival muy significativo. La compañía de teatro quedó impresionada por la acústica y la forma en que el edificio suavizó el clima. Planearon espectáculos musicales nocturnos e imaginaron varios efectos de iluminación. Muchas cualidades del teatro fueron producto de decisiones de diseño que fueron sincronizadas por la inmediatez de la construcción; hay muchas ventajas con una escala de tiempo comprimida. El reflejo de la cultura acadiana fue rápido, ajustado a la escala local de formas inmediatas, análogas y poéticas. La mediación del clima se inspiró en un estudio de muchos detalles de edificios locales. A esta escala, las estrategias de resiliencia fueron simples y aparentes, lo que permitió la adopción y adaptación en las escalas de detalle y construcción.

Figura 6.7 Negociación de la localización de "Le Petit Cercle" en relación al tobogán existente (2004)

LE MARCHÉ FERMIER - 2014

La forma estructural del proyecto, una bóveda, era un requisito previo, al igual que el sistema estructural de cáscara de rejilla. Durante las primeras semanas del estudio, diez estudiantes investigaron la forma general del edificio, la conexión del nodo y el material del listón (la conexión del nodo se ve en la Figura 6.8). Eligieron roble rojo y visitaron el aserradero local para conocer su selección y el proceso de molienda. El molinete español fue identificado como un tipo de amarre que valía la pena investigar por su rendimiento y facilidad de construcción. La forma general se curvó en planta, introduciendo una doble curvatura significativa en la bóveda (vista en la Figura 6.9). Como en nuestros proyectos anteriores, se pretendía que la estructura estuviera abierta en cada extremo. Estas aberturas se oponían a los vientos de 200 km/h. Como resultado, el lado convexo del edificio apuntaba hacia adentro y arrojaba el viento. En el teatro construido diez años antes en Chéticamp, habíamos aprendido a dejar pasar el viento por nuestro edificio.

En este caso, las celdas hasta el nivel de los ojos estarían libres de revestimientos permanentes y totalmente abiertas durante la temporada de invierno.

Figura 6.8 La conexión de la base basculante de "Le Marché Fermier" (2014)

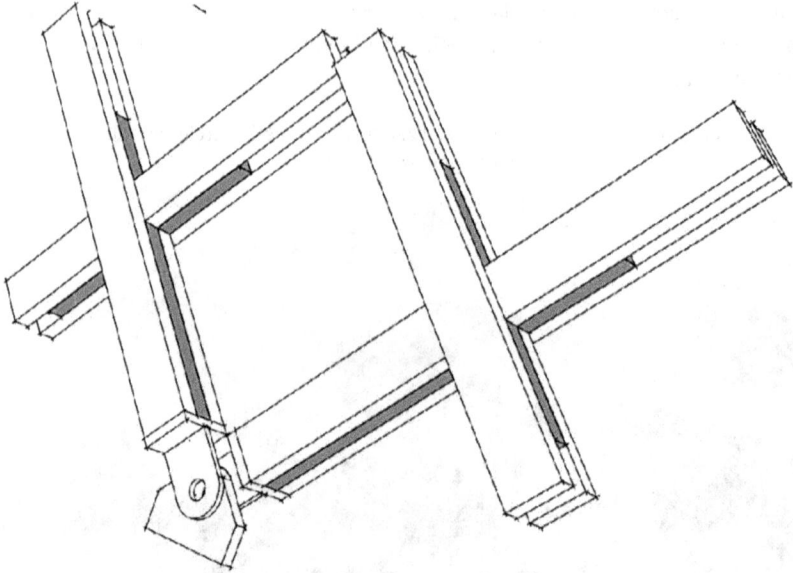

Figura 6.9 La doble curvatura en el plano de "Le Marché Fermier" (2014)

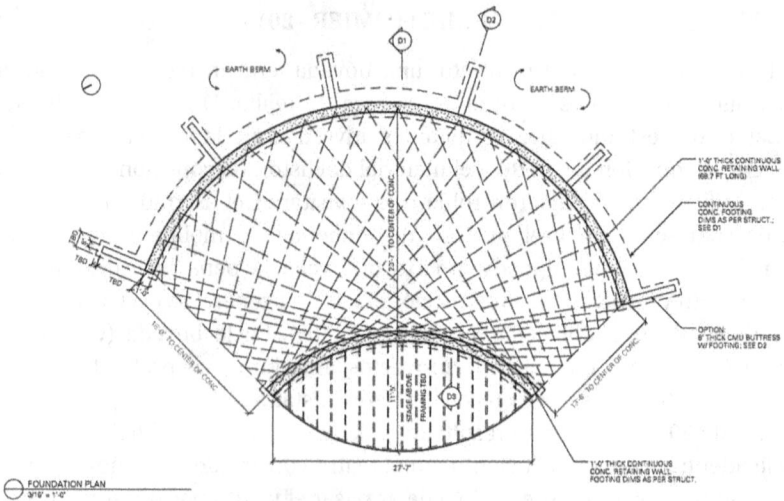

Las paredes de soporte del proyectil permanecieron bajas para que pudiera acercarse al suelo. La tierra cayó hacia el puerto y lejos del viento. Los muros de sotavento quedaron expuestos y a medio metro de altura, y los muros de barlovento retuvieron alrededor de un metro de tierra. Esto tuvo el efecto de hundir el edificio y exponer menos superficie al viento. El lado cóncavo creó un refugio natural para un escenario frente al puerto y la carretera. Levantar la tierra en una pequeña berma que reflejaba la curvatura en el plano del caparazón creó un efecto envolvente y un lugar para que la audiencia se sentara.

La propuesta estudiantil formó la base de la consulta con los ocupantes y el cliente. Coastal Studio buscaba opiniones y sugerencias, al igual que en una práctica arquitectónica convencional. A los ocupantes les preocupaba que el edificio fuera demasiado pequeño para la cantidad de vendedores, pero al final, acordaron reemplazar sus enormes mesas con puestos de mercado más compactos. Además, nos aseguramos de que los ocupantes y el cliente entendieran la naturaleza de nuestros proyectos como investigación de innovación en edificios. A diferencia de la práctica, los proyectos son experimentos en técnica de construcción que podrían fallar técnicamente o ser irrealizables.

Lawrence Friesen de la Nomad Design Workshop de Londres nos llevó a través de los primeros pasos y principios del diseño de carcasa de rejilla. Su explicación implicaba un proceso iterativo y convincente entre modelos físicos y digitales. Se argumentó que el tipo más puro de caparazón de rejilla se construye plano, y luego se recupera en su forma final al restringir el perímetro al plano diseñado. (Chilton & Tang, 2017).

El primer paso simuló este tipo puro en un modelo físico (visto en la Figura 6.10). Se cortaron varios planos en una pieza plana de madera, se colocó una tela elástica alrededor del perímetro del plano y se vertió yeso. Esto se aproximaba al resorte del caparazón desde un perímetro restringido. Fue un ejercicio de lectura atenta y observación intensa. Implicaba averiguar qué estaba haciendo el material y por qué lo estaba haciendo. Fue interpretativo; un pliegue en el molde de tela bajo el peso del yeso marcó un lugar donde parte de la superficie necesitaba ser eliminada en el siguiente modelo. Los diversos modelos también se compararon en busca de diferencias. Por ejemplo, los modelos físicos predijeron correctamente que los extremos abiertos del hastial inducían una curvatura inversa en el caparazón cercano y los modelos estructurales y de computadora no lo hicieron (modelo digital que se ve en la Figura 6.11).

Figura 6.10 Modelo físico para "Le Marché Fermier" (2014)

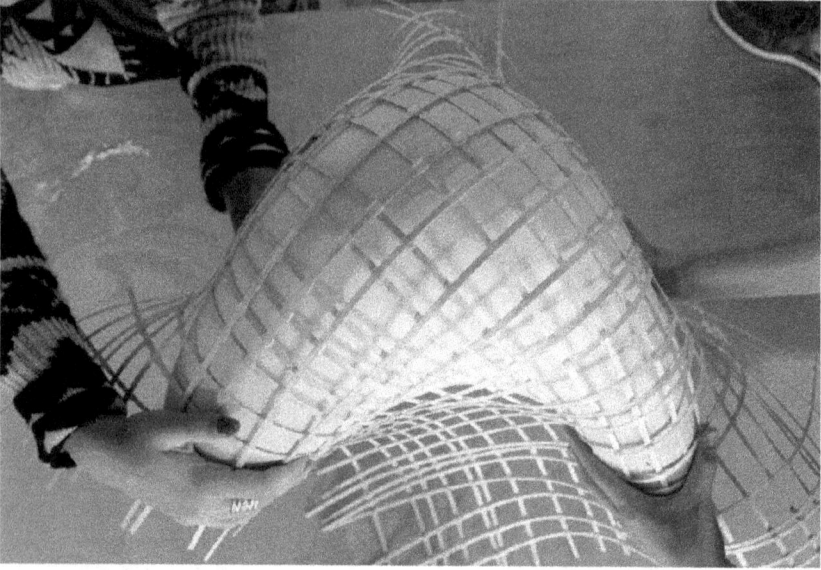

Una vez que se determinó la forma y el plan, el siguiente paso consistió en aproximar la superficie con una cuadrícula que representaba las largas tiras de listón de madera. En el modelo físico, se creó una cuadrícula sobre un patrón en la forma de la tela colocada en forma plana. Esto se repitió en el modelo de computadora usando un escaneo tridimensional del modelo de yeso, colocando la superficie plana y trazando los miembros lineales de la estructura de la cuadrícula. Nuevamente, los modelos se observaron de cerca. La condición del perímetro de la cuadrícula lineal determinó si se iba a 'formar un nudo'. Esta es una condición en la que cada listón termina en el perímetro en tándem con el final de otro listón que va en la dirección opuesta, lo que describe el perímetro como una serie de nodos. Para hacer un nudo, la cuadrícula creó una condición en la que las conexiones de la base no estarían en una línea horizontal, ni estarían en un arco uniforme en la parte delantera y trasera. Evidentemente, eran necesarias algunas limitaciones adicionales.

Figura 6.11 Modelo digital para "Le Marché Fermier" (2014)

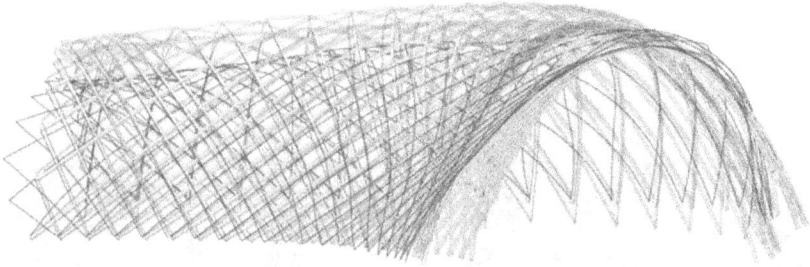

Figura 6.12 "Le Marché Fermier" en su lugar (2014)

Figura 6.13 "Le Marché Fermier" en uso (2014)

Varias direcciones eran posibles en este punto del diseño. Volviendo al concepto de la fijaciones basculantes simples de la base, agregamos tres restricciones. Los puntos de conexión en la base se definieron como nodos. Además, las paredes curvas delanteras y traseras se nivelaron en la parte superior y se dividieron en un número igual de divisiones. Además, el frente central estaba conectado a cada extremo de la parte posterior. El siguiente paso fue trazar los listones como geodésicas en la superficie observada del modelo de yeso. En los estudios de diseño y construcción, se deben hacer suposiciones para que el proyecto avance; solo nos quedaban seis semanas para completarlo.

El estudio duró doce semanas. Durante las semanas cinco y seis, viajamos al sureste de Estados Unidos para visitar otros pequeños edificios en frágiles paisajes costeros, entre ellos muchos proyectos de diseño/construcción. La visita incluyó el trabajo del estado de Mississippi, Auburn, Tulane, Houston, Texas en Austin y en San Antonio. También vimos un proyecto de Louisiana en Lafayette y regresamos durante la semana siete para construir un modelo 1:2 de la estructura en el jardín delantero de la escuela.

Después de doce semanas se levantó el armazón, y los nodos y pernos del perímetro sostenían la estructura en su lugar. Fue un final satisfactorio para el estudio, pero era obvio que se necesitaban ajustes sustanciales antes de que todo estuviera en su lugar (como se ve en la Figura 6.12).

Ahora han pasado cinco años. La estructura ha resistido tormentas invernales de 250 km/h con solo daños menores en el revestimiento. Se han construido otras estructuras de red, y la propia estructura de red del mercado de agricultores se ha convertido en un ejemplo del que otros pueden aprender. La figura 6.13 muestra el mercado en uso.

TECNOLOGÍA APROPIADA

La comparación de estos dos proyectos muestra similitudes y diferencias. Dos teorías, o quizás categorizaciones, pueden ayudar a estructurar esta discusión. El teatro infantil no coincide exactamente con los principios de TA, ni el mercado de agricultores coincide con los de PT. Esta sección trata sobre los principios del diseño apropiado, primero con el teatro infantil y luego con el mercado. La siguiente sección analiza los principios de PT en el mismo orden.

Los proyectos de TA son *largos en mano de obra y cortos en capital* (como sugiere Schumacher, 1973, p. 19). Esto es cierto para la mayoría de los proyectos de diseño y construcción, ya que construir con estudiantes que son nuevos en el diseño y la construcción es inherentemente laborioso. Se toma tiempo para enseñar técnicas a los estudiantes, considerar las implicaciones de diseño de la construcción y mostrar cómo ser comunicadores más eficientes con quienes construyen el proyecto. Sin embargo, una gran inversión en mano de obra es una consecuencia del diseño/construcción más que una posición de principios.

Tanto el teatro infantil como el mercado de agricultores requerirían mucha mano de obra. El teatro requirió una gran cantidad de estudiantes durante un corto período de tiempo, y el mercado varió de cuatro a diez estudiantes durante siete meses. En ambos casos, se donó el terreno y se pagaron fondos de subvención para los materiales de construcción. Los materiales en sí diferían. En el primer proyecto, se utilizaron materiales de construcción estándar, si la disponibilidad lo permitía. El almacén de madera local almacenaba una gran cantidad de material de flejes de uno por tres de dieciséis pies que normalmente se usaba como enrasado para las paredes de casas más antiguas. En el proyecto posterior, se trajo material de la fuente más cercana, un aserradero a cuatrocientos kilómetros de distancia.

En el teatro infantil, dos factores se combinaron para establecer una paleta tecnológica: un marco de tiempo increíblemente ajustado de dos semanas para el diseño y la construcción y un interés conceptual en trabajar con formas locales de hacer. La localidad es la actitud técnica y social distintiva del proyecto. De hecho, el concepto del proyecto era descubrir o desarrollar una cultura de construcción (todo en dos semanas) adecuada para los acadianos locales, que continúan luchando contra la asimilación cultural inglesa. El proyecto implica la posibilidad de una nueva forma de construir con enfoque local. Por ejemplo, el enrejado de madera lastrada con roca de las paredes del teatro era similar a la forma en que la gente del pueblo construía los muelles. Nuestra construcción delgada de madera doblada era similar a las plataformas livianas que se usan para sostener los botes desembarcados durante el invierno. Sin embargo, suspender las paredes con peso no tenía sentido para los lugareños inmersos en la convención de construcción de América del Norte. El día de la inauguración, tuvimos que quitar rápidamente el relleno que un constructor local había adaptado para "corregir" nuestra construcción. Nuestro intento de revelar el potencial de dos prácticas de construcción locales fue ocultado por nuestra versión; las técnicas ya no se consideraban similares.

Nuestra estrategia de evitar la resistencia al viento necesitaba ser validada constantemente con discusión y referencia a historias locales. Por ejemplo, la gente del pueblo creía que, durante los *Suettes*, si se rompe una ventana o una puerta en el lado de barlovento de un edificio, entonces hay que abrir rápidamente las ventanas del lado de sotavento. Aprendiendo de esto, dejamos que un poco de viento sople en ambos proyectos. A menudo, los lugareños expresaron su asombro por la forma en que nuestras estructuras soportaron las tormentas de viento. Esta estrategia se revela de manera directa en el teatro infantil, ya que todas son paredes de listones. La transferencia tecnológica ha sido evidente en vallas publicitarias recientes que ahora usan una construcción similar a una pared de listones para dejar pasar el viento. El mercado, a diferencia del teatro, era sobre todo un techo, y además uno poco convencional. Sin embargo, como prototipo, demuestra una técnica particular de estructura con construcción liviana adecuada para áreas rurales utilizando herramientas simples y un bajo grado de inversión de capital.

De acuerdo con Nieusma (2004), la TA[9] se caracteriza por un "(…) bajo coste de inversión por lugar de trabajo, baja inversión de capital por unidad de producción, simplicidad organizativa, alta adaptabilidad a un entorno social o cultural particular, uso moderado de los recursos naturales, bajo costo del producto final o alto potencial de empleo". A menudo, los proyectos de diseño/construcción se realizan con un presupuesto limitado para clientes con poco o ningún capital. En nuestro caso, en los diez años intermedios habíamos desarrollado la capacidad de aportar recursos significativos al proyecto de mercado. Esto aumentó efectivamente el costo de inversión por lugar de trabajo. Si el precio del teatro para niños era bajo, el precio del mercado era medio. Ambos proyectos fueron de baja inversión de capital, utilizando herramientas y materiales simples. El diseño del teatro se basó en la simplicidad organizativa,

---

[9] OCDE. "Appropriate Technology". Glossary of Statistical Terms. [Recuperado el 24 de abril de 2011].

con todas las conexiones hechas, por ejemplo, con tornillos de cubierta comunes con un conjunto simple de reglas de montaje (por ejemplo, todos los 1x3 se alargaron más allá de los 16 pies con una solapa de un pie hacia el exterior sujeta con tres tornillos, el solape nunca se daba en una nervadura vertical). El mercado de agricultores se organizó en base a modelos sofisticados y cálculos estructurales.

Nieusma (2004) ha sugerido que "(...) la transferibilidad de la tecnología entre contextos está lejos de ser sencilla... Los estudiosos de la tecnología se dieron cuenta de que las diferencias entre el contexto de desarrollo de una tecnología y su contexto de uso eran significativas". Citando a Willoughby (1990), señala la falta de éxito histórico de la TA:

> "El desarrollo de la TA requería tener en cuenta las necesidades de los demás prestando especial atención al contexto de uso de esa tecnología, así como a las perspectivas locales sobre el problema a resolver. La atención a las particularidades contextuales se convirtió en uno de los enfoques rectores de la TA y, por lo tanto, a diferencia de los estudiosos de la transferencia de tecnología, el pensamiento de la TA tomó el diseño como punto de intervención".

La aplicación de los principios de la madera curvada a las "particularidades contextuales" en el teatro es sólida. Incluso en el mercado de agricultores, las fuerzas estructurales y la integridad del armazón fueron fuertemente influenciadas por las condiciones del viento local. Nieusma y Willoughby podrían tener razón: el desarrollo y el uso son bastante distintos ya que, por naturaleza, la tecnología es móvil. Por otro lado, la arquitectura es inmóvil, por lo que el uso y el desarrollo se superponen. Los edificios deben estar construidos con TA, al menos hasta cierto punto.

Nieusma (2004) explica la TA como precursora de movimientos de diseño alternativo como el diseño universal, el diseño participativo, el diseño feminista y el diseño ecológico. En términos de diseño ecológico, el viento extremo es un recordatorio de la imposibilidad de resistir y dominar la naturaleza. En cada proyecto, la idea de volvernos transparentes al viento nos permitió economizar materiales y resistencia. La robustez fue creada por la resiliencia. Crear una forma que desviara el viento a su alrededor y dejar que el viento encontrara un camino disminuyó las fuerzas naturales que la estructura tenía que resistir. Los materiales se redujeron reutilizando un surrealista campo de juegos abandonado como el entorno inmediato del teatro. Esto creó dificultades y oportunidades. En lugar de crear un plano del sitio en blanco, incorporamos el tobogán en el diseño y ubicamos el teatro a su alrededor. Esta configuración se duplicó como una entrada a la vez alternativa y emocionante.

Hoy en día, es problemático que el sitio web de la OCDE redireccione la entrada del *Glossary of Statistical Terms* sobre TA a "tecnologías ambientalmente racionales"[10]. Esto es sintomático de un pensamiento que permite una aplicación más amplia de diferentes tecnologías. Ya no son necesariamente locales, socialmente justos o aceptables para el ocupante del edificio. Cambia considerablemente el significado del término y borra cualquier distinción entre las tecnologías de nuestros dos proyectos. Además, la definición actual de la OCDE elimina los problemas sociales de cualquier proyecto tecnológico. Así, se ha marginado el diseño universal, la participación y el diseño feminista, así como el entendimiento de que todas las tecnologías están construidas socialmente. Este ensayo continúa utilizando el sentido anterior de TA que incluye sus aspectos sociales.

ESCALA DE INFLUENCIA, ALGUNOS ASPECTOS DEL DISEÑAR Y CONSTRUIR

En los proyectos de estudios de arquitectura convencionales, los estudiantes trabajan con sus propias ideas, pero son marginados en el sentido de que no tienen impacto fuera de su instructor y del círculo cerrado de compañeros de clase. En diseño/construcción, sin embargo, diseñar, construir y reunirse con grupos de clientes reales expande este círculo para incluir a los "desconocidos". Dejando de lado la dinámica de grupo, los estudiantes se dan cuenta de que sus diseños en desarrollo deben ser evaluados mediante el experimento y la experiencia para poder desempeñarse en el mundo real. Los estudiantes se convierten en diseñadores-constructores, clasifican los detalles y trabajan en subproyectos anidados dentro del marco de diseño en desarrollo. Como estudiante, la participación significa tomar decisiones grupales sobre propuestas de diseño, así como trabajar con grupos de clientes y el público local. El potencial para la adopción local de soluciones de diseño, incluidas nuevas formas de construcción, es esencial para estos proyectos.

El diseño socialmente responsable se refiere a la capacidad de un diseñador para trabajar de manera que confronte los resultados dominantes del diseño y empodere a los grupos sociales marginados (Nieusma, 2004). Los niños son un grupo subrepresentado. Por lo tanto, el diseño del teatro se realizó para ellos de varias maneras, complementando el programa de construcción. Los tres niveles más cercanos de asientos de banco y los elevadores entre ellos se ajustaron al tamaño corporal de tres edades diferentes de niños, lo que sirvió para atraerlos.

---

[10] Appropriate technology. Recuperado el 20 de septiembre de 2018, desde https://en. wikipedia.org/wiki/Appropriate_technology. *Referencing OECD*. "Appropriate Technology". *Glossary of Statistical Terms*. Recuperado el 24 de abril de 2011.

Los adultos que acompañaban a los niños debían negociar una entrada que variaba desde la altura de los dos años hasta la de los doce, una abertura ancha y corta por la que solo los niños podían pasar sin agacharse. Un tobogán en espiral creó una entrada lúdica alternativa, nuevamente un producto de considerar primero a los niños sobre los adultos.

Nieusma (2004) continúa abogando por la inclusión de aquellos normalmente marginados en su discusión sobre el diseño participativo, enfatizando que no se trata solo de un diseño centrado en el usuario. En ambos casos, el programa de construcción fue establecido por la comunidad de Chéticamp y se fortaleció en ella: en un caso, una tropa teatral de habla acadia con niños actores que representan historias y música locales y, en el otro caso, un mercado de artesanías locales y pequeños empresas. Los proyectos se beneficiaron de una comunidad que luchaba contra su marginación a través de una programación eficaz, informando su visión crítica cuando se les presentaban opciones de diseño en talleres públicos.

Implícito en los procesos de diseño-construcción está el estudiante de arquitectura que se pone en la piel del otro. Un usuario de la arquitectura a menudo olvidado es el trabajador de la construcción. Aquí, sin embargo, el estudiante participa activamente en los procesos de construcción que ellos establecen a través del diseño y el detalle. La construcción del teatro infantil carecía de los recursos de las empresas constructoras convencionales, pero que se compensaban reaccionando a las condiciones locales como oportunidades. Por ejemplo, la lluvia que llenó la excavación se convirtió en una forma de nivelarla. Además, cuando su forma curva no aceptaba andamios fáciles, el edificio creó el suyo propio.

En el pasado, cosas simples como clavar clavos privilegiaban a los hombres. Sin embargo, las escuelas de arquitectura ahora tienen un equilibrio de género y los programas de diseño/construcción tienen esto en cuenta. El sitio de construcción contemporáneo ha nivelado la brecha de género mediante el uso de controladores de potencia y el predominio de tornillos para unir la madera. En general, las herramientas ayudan, pero aún más importante es el proceso de construcción. En nuestro caso, la construcción de madera liviana del teatro infantil creó un proceso de construcción accesible. De manera similar, la carcasa de la rejilla utiliza madera con una sección transversal muy pequeña, inherente e intencionalmente liviana y fácil de manejar.

En su estudio clásico sobre los orígenes del diseño de bicicletas, Bijker et al. (1984) discutieron la influencia de los grupos sociales en las nuevas tecnologías. A menudo, estos grupos son incohesivos y difíciles de definir. Sin embargo, el estudio sostiene que las mujeres tuvieron una gran influencia que finalmente llevó a un acuerdo generalizado para un mejor diseño. En nuestro caso, el diseño-construcción extiende estas influencias potenciales del diseño a la forma de construcción. La inclusividad es un atributo de los materiales simples y la carpintería simple.

CREACIÓN DE PROTOTIPOS

En la primera mitad del siglo XX se pensó en el concepto de prototipo como modelo físico y como estrategia conceptual. Se volvió importante para las vanguardias y rápidamente atravesó el panorama artístico de Europa (Küchler, 2010). Esto continúa en una forma modificada hoy.

> "Encuentro en Gell un modelo teórico asombroso para el sutil tira y afloja que opera dentro de las redes relacionales que rodean la obra de arte, un lugar en sí mismo para las complejas interacciones entre (en términos de Gell) el artista, los destinatarios de la obra y los prototipos que 'representa'" (Brookhenkel, 2009)[11].

Una característica importante del PT es la incorporación del fracaso como una parte legítima y muy a menudo empírica del proceso. David Pye (1968) hace una distinción entre un trabajo de artesanía y un trabajo de montaje basado en el tema de la predeterminación. Para él, la artesanía es una obra de riesgo que "(...) depende del juicio, la destreza y el cuidado que ejerce el hacedor mientras trabaja" (Pye, 1968, p. 20). Desde el punto de vista del cliente, ambos proyectos fueron una obra de riesgo. Como siempre dejamos claro, el trabajo de los alumnos estaba sujeto al fracaso. Es posible que la obra final construida, en sí, si bien intente ser permanente, esté incompleta o sea inhabitable y deba ser demolida. Por supuesto, en este caso, cualquier argumento sobre TA sería discutible.

Basado en Pye (1968), el mercado de agricultores fue un trabajo de certeza donde el juicio, la destreza y el cuidado se ejercieron durante la fase de diseño del proyecto. El proyecto fue diseñado y probado en forma de modelos y maquetas de computadora. Es importante tener en cuenta en esta etapa que las pruebas pueden fallar y, de hecho, deberían fallar para establecer límites razonables. Entonces, si bien existe un riesgo, los modelos y las maquetas mitigan el riesgo. Muchas cosas están predeterminadas. Sin embargo, dado que el proyecto incorpora técnicas innovadoras, hubo pausas en la construcción. No fue fácil para los diseñadores visualizar completamente el trabajo en tres dimensiones porque no era ortogonal. Estos encuentros con lo inesperado ocurren con más frecuencia que en la construcción más

---

[11] En referencia a Gell (1998)

convencional. El PT es definitivamente más propenso a fallos que las obras de certeza.

La siguiente secuencia de Le Marché Fermier ilustra la dificultad que tiene el PT con la predeterminación. En el momento después de que se erigiera la carcasa de la rejilla, pero antes de que se hubiese completara el proyecto, hubo un conflicto directo entre varios modelos. Esto ocurrió con la entrega del proyecto por parte del equipo de estudiantes original a un segundo grupo. Cada listón estaba marcado con la ubicación de cada listón que cruzaba. La tarea del grupo era rellenar entre los listones con bloques de corte y en el proceso bloquear los nodos en sus ubicaciones finales predeterminadas (esto se ve al comparar los modelos físicos y digitales ilustrados en las Figuras 6.8 y 6.9).

Aunque se trataba de un "ajuste fino" de la estructura, muchos de los listones no se ajustaban. Los obstinados listones de madera se negaron a coincidir en sus marcas, o mejor dicho, cuando se vieron obligados a hacerlo, se quejaron de diversas formas. A veces se rompían, pero con mayor frecuencia provocaban que la forma general de toda la estructura cambiara en otro lugar de formas inesperadas. Desarrollamos un ojo para la forma y nos dimos cuenta de que había algo extraño en la estructura tal como estaba. La madera tenía mente (o modelo) propia y, después de un par de semanas de frustración, decidimos escucharla. Medimos la estructura construida usando un sofisticado equipo topográfico que apuntó a cada nodo y creó una matriz tridimensional para exportar como un modelo de computadora. Ahora había cuatro versiones del edificio: el edificio real, el modelo digital arquitectónico, el modelo digital estructural y el modelo digital medido. Cuando superpusimos los tres modelos de computadora, hubo una serie de discrepancias. Resultó que había habido un fallo en el modelo arquitectónico de la computadora que causó la desalineación al instalar los listones (ilustrados mediante el uso de los diferentes colores del modelo superpuestos en la Figura 6.9). Fue un error que se encontró usando el equipo de medición digital y modelos de computadora superpuestos.

Tras descubrir la discrepancia en los modelos, podríamos haber dejado las cosas como estaban y añadir un refuerzo a la estructura para que se adaptase a su nueva configuración. En cambio, lo reconstruimos durante los próximos meses en una forma entre sus modelos arquitectónicos y estructurales originales. La madera se deslizó felizmente hacia sus nuevas ubicaciones y el bloqueo de corte se completó antes del inicio del invierno. El acto de reconstrucción fue fiel al principio de PT. No se habría ganado nada en el proyecto general que era el "desarrollo de la estructura de la cuadrícula" si hubiésemos respondido al error en lugar de borrarlo como algo extraño al experimento.

Otro problema que diferencia a TA y PT es el error físico. Las estrategias de construcción locales han demostrado ser exitosas en términos de rendimiento de la construcción en condiciones locales, adaptando técnicas locales como el encofrado a las necesidades de la construcción. El diseñador y el constructor son responsables de la traducción y la correcta adaptación de los principios de construcción. Por ejemplo, la curvatura en el plano del teatro se basó en la flexión máxima que tolerarían uno por tres. Esto se probó en el sitio moviendo varias piezas de madera en una curva y midiendo el punto de rotura. Afortunadamente, la madera todavía estaba bastante verde y podía adaptarse a su curvatura y hacer que futuras roturas fueran cada vez menos probables. El fallo físico de un prototipo es mucho más generalizable. Intenta extender la aplicación de una técnica en particular. El fracaso o el éxito en este caso se basa en los avances de investigaciones recientes relacionadas. En nuestro caso, adaptamos la tecnología existente para adecuarla a climas extremos y la presionamos para que fuese más delgada y liviana. Además, ya que sería un edificio activo, se pueden considerar los aspectos sociales del prototipo, como la facilidad de transferencia de conocimientos y su idoneidad para diversos programas de edificación.

Los aspectos sociales de la tecnología necesitan cierta elaboración. Dos posiciones teóricas, la construcción social de la tecnología y la teoría del actor-red, sostienen, de diferentes maneras, que la tecnología es necesariamente social. La innovación es producto de la sociabilidad, o un actor en una red que incluye personas y cosas. Esta visión considera la inclusión de grupos marginados como parte del diseño socialmente responsable.

Como se sugirió anteriormente, la movilización eficaz de conocimientos es un indicador de éxito que comparten tanto TA como PT. Esencialmente, esta la cuestión de si una pieza de tecnología es repetible. ¿Se presta la técnica a una fácil reproducción u otros han aprendido lo suficiente? Incluso si la técnica también se ha traducido con éxito, sigue persistiendo una pregunta crítica. ¿Son los proyectos escalables?

El ejercicio de comparar y contrastar estos dos proyectos y posiciones se extiende a una discusión de las consecuencias. La tecnología apropiada tiene en cuenta las implicaciones locales mediante la reinterpretación. Sin embargo, quedó claro que esta reinterpretación no era evidente y necesitaba ser explicada. Existe alguna evidencia de que dejar pasar el viento a través de las estructuras se ha reconocido como una estrategia de construcción legítima, pero la reaplicación se ha restringido a elementos como las señales en la carretera. La tecnología apropiada parece estar sujeta a algunas consecuencias: retrocede hacia el contexto local, y sus transiciones de forma son más evidentes que sus transiciones de proceso. En efecto, no es fácilmente escalable.

El PT y la experimentación son modos predominantes de producción de conocimiento. El PT busca implicaciones globales y locales a través de la movilización de conocimientos. Aquí el impacto es escalable y de amplio alcance. Sin embargo, a pesar de su uso de tecnologías de construcción simples, sus sofisticadas tecnologías de diseño inspiran asombro más que comprensión. La búsqueda sigue siendo una práctica de construcción sostenible, contemporánea y verdaderamente accesible a nivel local.

Recientemente, los proyectos realizados por Coastal Studio están siendo registrados y analizados por sociólogos. Esto refleja un desarrollo interesante en la creación de conocimiento. Ha habido un cambio de énfasis de lo experimental, como un lugar de conocimiento, a lo experimental como un proceso social (Jiménez, 2014). Las cualidades experimentales y abiertas del PT se han convertido en un sustituto de nuevas experiencias culturales y procesos de democratización. El PT es algo que "le ocurre a las relaciones sociales cuando uno se acerca al oficio y la agencia de los objetos de formas particulares" (Jiménez, 2014). Donde los investigadores alguna vez entraron al campo como extraños (académicos), ahora se están convirtiendo, repentina e inesperadamente, en iniciados (colegas, asesores). Los puntos tradicionales de entrada y salida de la creación de conocimiento se enfrentan ahora a una permanente amenaza de secuestro y desestabilización (Mosse, 2006).

Coastal Studio está desarrollando una forma rigurosa de trabajar en diseño/construcción. Aquí es apropiado el uso de la terminología de PT. La colaboración con otros programas universitarios de diseño/construcción ha hecho posible un análisis comparativo de la metodología. Los proyectos están alineados en una serie, cada proyecto aprende de los anteriores. Se registra la transferencia de conocimientos. La colaboración en una secuencia de prototipos es paralela a las tendencias actuales en las que los diseñadores de software lanzan versiones beta o en progreso de sus programas como una invitación para que otros contribuyan con sus propios desarrollos y cierres.

CONCLUSIÓN

Esta comparación entre el mercado y el teatro ha sido una oportunidad para reflexionar sobre la posibilidad de una base teórica para el diseño/construcción en tecnología y estudios de diseño. Aquí, Coastal Studio está comenzando un trabajo que tiene todas las dimensiones de la investigación arquitectónica – práctica, método y teoría – donde el estudio de la innovación tecnológica y los aspectos sociales y experienciales del espacio son el foco de la investigación sobre arquitectura.

Como célebremente bromeó Cedric Price en 1966: *"La tecnología es la respuesta, pero ¿cuál era la pregunta? [énfasis agregado]"*. Y, ¿cómo opera la arquitectura en un mundo pluralista donde no hay preguntas claras? ¿Es la arquitectura reaccionaria? Quizás. Sin embargo, si reacciona, los problemas deben ser múltiples y no singulares. Hemos visto a dónde nos llevó la singularidad modernista, incluso cuando abrazó ideales socialmente progresistas. En un mundo de múltiples tecnologías, ¿de qué manera puede operar la arquitectura para el bien público (como nuestro código nos obliga a hacer), y deberíamos reconsiderar nuestra ética profesional? La claridad en torno a las estrategias para la tecnología de la construcción es una parte importante de la mezcla. Es necesario aclarar y cuestionar la naturaleza contextual de la TA y la naturaleza global de la agenda del PT.

REFERENCIAS

Adriaenssens, S., Block, P., Veenendaal, D., & Williams, C. (2014). *Shell structures for architecture : form finding and optimization*. Routledge.

Bijker, W. E., Hughes, T. P., Pinch, T., & Pinch, T. J. (1984). *The social construction of technological systems : new directions in the sociology and history of technology*. MIT Press.

Binder, T., Brandt, E., Ehn, P., & Halse, J. (2015). Democratic design experiments: between parliament and laboratory. *CoDesign, 11*(3–4), 152–165. https://doi. org /10.1080/15710882.2015.1081248

Brookhenkel. (2009, February 11). Week 4: The Art Nexus. *Thing Theory*. https:// thingtheory2009.wordpress.com/2009/02/10/week-4-the-art-nexus/

Blundell-Jones, P. (2002). *Modern architecture through case studies*. Architectural Press.

Callon, M., Lascoumes, P., & Barthe, Y. (2009). Acting in an uncertain world: an essay on technical democracy. MIT Press.

Cavanagh, T. (2013). Innovative Structures and the Design-Build Model of Teaching. En A. Zarzycki & R. Dermody (Eds.), *Proceedings of the 2013 Building Technology Educators' Society Conference* (pp. 405–410).

Cavanagh, T., Kroeker, R., & Mullin, R. (2005). For Want of Wind. *Journal of Architectural Education, 58*(4), 6–11. https://doi.org/10.1162/1046488054026741

Chilton, J., & Tang, G. (2017). *Timber gridshells architecture, structure and craft*. Routledge.

Foster, H. (1987). Concluding Notes. En R. McCarter (Ed.), *Building, Machines* (p. 63). Princeton Architectural Press.

Gell, A. (1998). Art and Agency: Towards an Anthropological Theory. Clarendon Press.

Guggenheim, M. (2014). From Prototyping to Allotyping. *Journal of Cultural Economy, 7*(4), 411–433. https://doi.org/10.1080/17530350.2013.858060

Guy, S., & Farmer, G. (2001). Reinterpreting Sustainable Architecture: The Place of Technology. *Journal of Architectural Education, 54*(3), 140–148. https://doi.org/10.1162/10464880152632451

Hill, J. (2010). Prototypes and primitive huts. *Visual Communication, 9*(3), 323–340. https://doi.org/10.1177/1470357210372720

Jasanoff, S. (2012). Acting in an Uncertain World: An Essay on Technical Democracy (review). *Technology and Culture, 53*(1), 204–206. https://doi.org/10.1353/tech.2012.0016

Jiménez, A. C. (2014). Introduction - The prototype: more than many and less than one. *Journal of Cultural Economy, 7*(4), 381–398. https://doi.org/10.1080/17530350.2013.858059

Jorgensen, E. (2005). Four Philosophical Models of the Relation between Theory and Practice. *Philosophy of Music Education Review, 13*(1), 21-36.

Küchler, S. (2010). The prototype in 20th-century art. *Visual Communication, 9*(3), 301–312. https://doi.org/10.1177/1470357210372723

MacKay-Lyons, B., & Buchanan, P. (2008). *Ghost: building an architectural vision.* Princeton Architectural Press.

Macy, C. (2008). *Free lab: Design-build projects from the School of Architecture, Dalhousie University, Canada, 1991-2006.* Tuns Press.

Mosse, D. (2006). Anti-social anthropology? Objectivity, objection, and the ethnography of public policy and professional communities. *Journal of the Royal Anthropological Institute, 12*(4), 935–956. https://doi.org/10.1111/j.1467-9655.2006.00371.x

Nieusma, D. (2004). Alternative Design Scholarship: Working Toward Appropriate Design. *Design Issues, 20*(3), 13–24. https://doi.org/10.1162/0747936041423280

OECD. "Appropriate Technology". Glossary of Statistical Terms. [Recuperado: 24 de abril de 2011].

Pye, D. (1968). *The nature and art of workmanship.* Studio Vista.

Schumacher, E. F. (1973). *Small is beautiful: a study of economics as if people mattered.* Blond & Briggs.

Verderber, S., Cavanagh, T. & Oak, A. (2019). *Thinking While Doing: Explorations in Educational Design/Build.* Birkhauser.

Were, G. (2010). Special issue: prototypes. *Visual Communication, 9*(3), 267–272. https://doi.org/10.1177/1470357210372715

Willoughby, K. W. (1990). *Technology choice : a critique of the appropriate technology movement.* Westview Press.

EPÍLOGO

Carmela Cucuzzella

Universidad Concordia, Canadá

Sherif Goubran

Universidad Americana en El Cairo, Egipto

Este libro nos ha llevado a un viaje que se aleja de los enfoques principales de la arquitectura sostenible. Nuestro libro dio un paso atrás para considerar métricas, estándares y métodos de optimización en el contexto más amplio de la disciplina y la práctica de la arquitectura. La colección no aboga por la eliminación de tales métricas o estándares. Las métricas y los estándares son clave para orientar las decisiones. Estos son imperativos y lo seguirán siendo a medida que avancemos en la búsqueda de objetivos específicos. Pero si se adoptan como el único medio para dirigir el diseño, entonces esto da como resultado una arquitectura que se usa solo como un medio para alcanzar los objetivos ambientales y no para diseñar lugares para vivir, trabajar, jugar y contemplar. Cuando la arquitectura solo busca cumplir con las medidas esperadas y las optimizaciones mejoradas, ¿no produciría esto simplemente un equipo y no un espacio que está concebido para las personas?

Como era de esperar, la arquitectura ambiental ha sido muy criticada con respecto a su integridad con la disciplina, ya que, más a menudo de lo deseado, abraza las condiciones técnicas, dejando sus cualidades formales en gran parte al azar. Esta colección pide el regreso de la "arquitectura" en la arquitectura sostenible, y una que se centre igualmente en la idoneidad del diseño para el lugar y el programa, así como las métricas. Con esta colección pretendemos abrir la conversación sobre arquitectura sostenible para matizar con más cuidado cómo las medidas se relacionan directamente con el significado, con repercusiones tanto en la teoría como en la práctica. Hacemos un llamado por el reposicionamiento de la arquitectura sostenible para que los diseñadores puedan aceptar estos desafíos con más voluntad de manera que sean propicios para su propia práctica. No estamos desacreditando las métricas, sino más bien buscando formas de avanzar, formas de complementarlas. Los colaboradores de esta colección buscaron, investigaron e ilustraron las diferentes facetas que conforman este camino hacia delante. Desde profesionales hasta educadores, nos han mostrado que hay muchas formas, más allá de la técnica, de mirar la arquitectura sostenible: su fabricación, elementos y parámetros.

Cormier muestra que la digitalización de la arquitectura ha cambiado nuestra percepción y comprensión de lo que es medible. Y que en nuestra búsqueda de la sostenibilidad, hemos cruzado todas las escalas arquitectónicas, desde la molecular hasta la global. Sin embargo, y más allá de las mejoras en la productividad, el bienestar o la supervivencia, todavía no estamos seguros de cómo los diversos elementos medibles de la sostenibilidad pueden llevarnos a construir una verdadera arquitectura que sea fuente de emoción atemporal y contribución sociocultural.

Cucuzzella ilustra que la arquitectura sostenible puede tener ontologías diferentes, si no competitivas. A menudo suponemos, tanto como diseñadores como como usuarios, que un edificio sostenible trata sobre de su facticidad; centrándose en sus hechos medibles, y que se utiliza para reducir el impacto, aumentar el potencial empresarial, y con suerte, crear un crecimiento económico más *verde*. Si bien esta vista de un edificio es limitada, también limita gravemente nuestra capacidad para percibir las diferentes formas en que puede existir un edificio. Aquí, aprendemos específicamente que la arquitectura sostenible también puede ser para sí misma y para otros. En sí misma, se refiere a una arquitectura que pueda ser un medio para el desarrollo comunitario, la regeneración urbana o incluso el impulso cultural. Para otros, se refiere a una arquitectura que es un ejemplo de conservación, o un medio de cohesión y equidad social. Al considerar estas posibilidades ontológicas más amplias, comenzamos a darnos cuenta de que un edificio sostenible puede y debe hacer mucho más que simplemente reducir su impacto y generar ganancias.

Tarkhan destaca que la práctica y la aplicación impulsadas por el mercado de la arquitectura sostenible tienen una relación fuerte y cíclica con la tecnología. La demanda, el impulso tecnológico y la formalización están remodelando continuamente el discurso de la arquitectura sostenible, y redefiniendo el campo en su totalidad. Sin embargo, esto nos deja expuestos a múltiples riesgos, incluida la dependencia excesiva de tecnologías patentadas específicas, la gobernanza de los datos y los problemas de información, o el cambio del campo del diseño sostenible a una ciencia del cumplimiento. Tarkhan destaca que "si bien algunas áreas de la sostenibilidad de la construcción se han visto afectadas por los avances tecnológicos, es importante reiterar que el grado de adopción tecnológica no debe equivaler a definir el campo".

Si bien muchas de las contribuciones han destacado la necesidad de centrarse en la dimensión cualitativa de la arquitectura sostenible, Tom Jefferies y Laura Coucill se han centrado en las métricas y los datos de sostenibilidad. Nos han demostrado que capturar y representar datos es crucial para desarrollar un diseño sostenible eficaz. Proponen utilizar un *análisis culturalmente sensible* para visualizar las consecuencias sociales y espaciales de las soluciones de diseño sostenible, para hacer diseños que respondan a una realidad real y medible. Su aportación nos muestra que los datos, según se representen, no siempre son objetivos. De hecho, queda claro que el uso de representaciones nuevas y más orientadas al diseño, como el análisis culturalmente sensible, crea la oportunidad de reconocer agendas en competencia y permite a los usuarios emitir juicios de valor en torno a la aplicación de las tecnologías e intervenciones del diseño sostenible.

En los dos últimos capítulos, hemos visto cómo estas críticas teóricas pueden materializarse en la práctica. Amaral destaca que la tensión entre lo técnico o tecnológico, y lo sensorial o artístico, está en el centro de la disciplina arquitectónica. La aplicación de Amaral de la teoría de la tectónica ilustra que el proceso de fabricación puede usarse para negociar esta tensión, y permitirnos crear expresiones culturalmente relevantes como una dimensión de la arquitectura sostenible. La conclusión de Amaral nos recuerda que la sostenibilidad no se trata solo de usar menos (material, energía, espacio ...), sino también qué, cómo y por qué lo usamos.

Ted Cavanagh termina nuestra colección con una nueva perspectiva sobre el lugar de la tecnología en el diseño sostenible. Cavanagh propone que esa tecnología, que puede oscilar entre lo personalizado y lo replicable, es solo una dimensión en la compleja matriz de proyectos sostenibles. El capítulo dejó claro que tanto la naturaleza contextual de la tecnología apropiada, como la naturaleza global de las agendas de tecnología de creación de prototipos, deben aclararse y cuestionarse, utilizando la práctica, el método y la teoría. En línea con la crítica establecida de la tecnología, Cavanagh concluye el capítulo y la colección recordándonos que la tecnología rara vez nos brinda soluciones. En el caso del diseño sostenible, parece que la tecnología avanza continuamente hacia una mayor cuantificación y medición. Pero a medida que la arquitectura sostenible se ve arrastrada más por las corrientes de las mediciones, ¿qué significados se están perdiendo?

Como Brian Sinclair ha descrito tan claramente en el prólogo, la civilización moderna, en muchos casos, ha fragmentado nuestras realidades en partes discretas para que puedan contarse y medirse. Y que si no se puede contar, no cuenta. En los casos en que estas partes no se pueden medir, hemos recurrido a dicotomías que cortan aún más nuestra visión del mundo. Podemos ver cómo esto puede no terminar bien.

Como vemos en las aportaciones de este libro, quizás, una reflexión sobre la arquitectura fundada en un diálogo con las circunstancias en las que vive el ser humano no solo sea relevante hoy. ¿Podría ser este un camino a seguir en la teorización de la relevancia de la arquitectura ambiental, no solo para el beneficio del medio ambiente sino para la disciplina de la arquitectura?

ÍNDICE

www.ingramcontent.com/pod-product-compliance
Lightning Source LLC
Chambersburg PA
CBHW050513280326
41932CB00014B/2310